带团队就这么简单

李晴◎编著

中国言实出版社

图书在版编目（CIP）数据

带团队就这么简单 / 李晴编著. --
北京 : 中国言实出版社, 2013.12
ISBN 978-7-5171-0298-4

Ⅰ.①带… Ⅱ.①李… Ⅲ.①企业管理—组织管理学
Ⅳ.①F272.9

中国版本图书馆CIP数据核字（2013）第299027号

责任编辑： 郭江妮

出版发行 中国言实出版社
地　址：北京市朝阳区北苑路180号加利大厦5号楼105室
邮　编：100101
编辑部：北京市西城区百万庄大街甲16号五层
邮　编：100037
电　话：64924853（总编室）64924716（发行部）
网　址：www.zgyscbs.cn
E-mail：yanshicbs@126.com

经　　销 新华书店
印　　刷 北京紫瑞利印刷有限公司
版　　次 2014年4月第1版　2014年4月第1次印刷
规　　格 710毫米×1000毫米　1/16　17印张
字　　数 279千字
定　　价 36.00元　ISBN 978-7-5171-0298-4

前　言

现代社会的发展日新月异，企业也正面临着巨大的挑战。想发展必须要有人才；当把人才都聚集到一起了，他们本身就已经组成了一个小小的团队，这个时候，企业需要有一个合格的管理者来带领这个团队，为企业的发展出谋划策，从而让企业能够健康快速地发展。

这个世界有很多企业，但真正做大做强的并不多。这是什么原因呢？并不是因为这个企业没有人才，而是因为这个企业没有一个真正的团队带头人。在现代企业中，“团队”的概念已经深深扎根在企业的日常工作中，各项工作和任务都需要执行，这个时候，作为管理者，如何带好自己的团队就成为了当前第一要事。

想带好团队，对一个管理者而言，首先要筛选适合自己团队的人才，管理者需要慧眼识人，挑选对企业团队能够传递正能量的人才，这样，团队的氛围才会积极向上，才会不至于一潭死水，毫无生气。

组建好了团队后，你还需要进一步了解自己的团队成员，能够让他们人尽其才，在适合他们的岗位上发挥出他们最大的能量，从而使团队能够拥有无穷的创造力，从而推动企业的发展。

组建团队，如何面对团队中间出现的分歧呢？众所周知，每个人和每个人的思路都不一样，有时候难免会出现争执不下的场面。这个时候，作为管理者，你应该高兴，你应该庆幸大家都在为企业的发展贡献自己的力量。在你内心欣喜的外面，你应该做好沟通和协调的工作，使这些争执不能破坏团队积极向上的氛围。

此外，你还会面临如何激励团队成员，怎样处理成员的退出，怎样制定团队制度，如何让执行力贯穿团队始终……等等的问题。

想必你也没想到带一个团队会这么麻烦吧。不必担心，这些问题的答案，本书会一一为您揭晓，让您在阅读的过程中掌握带团队的方式和方法

从而感觉带团队其实也很简单。

本书融进了世界著名管理大师德鲁克的先进管理理念，让你读后会有诸多感想、诸多思考和诸多收获……

目录

第1章 组建团队，你需要慧眼识人

左右企业命运的不是企业家本人，而是企业的人才数量。雄厚的人才储备是企业持续发展的关键。

第2章 管理团队，做到人尽其才

将最好的机会、最重要的职责留给最有能力的人，这是优秀企业的一贯表现。

第3章 激励团队，要使用一定的方法

管理者的终极任务就是要引导出员工的工作热情和希望。

第4章 授权团队，把要事托付他人

一流人才必须分配到最有可能产生最大效益的领域中，必须让员工感受到他们的工作具有挑战性。

第5章 建设团队，要群策群力

想要在企业内取得成就，个人的价值观必须与企业的价值观能够兼容。

第6章 包容团队，人非圣贤孰能无过

管理者要将注意力集中到人的长处上，而一些小缺陷则可以忽略不计，除非这些缺陷会影响他现有长处的充分发挥。

第7章 温情团队，用真诚留住他人

要想获得卓有成效的管理，管理者就要时常抽出时间和下属交谈。

第8章 纪律团队，用制度管理他人

企业的日常运营都必须遵循严格的制度，包括采取的行为及应负的责任、高绩效、对个人及工作的尊重。

第9章 监督团队，加强绩效考核

业绩是管理者取得成就的首要要求。

第10章 协调团队，将冲突化为无形

卓有成效的领导就是明确组织的使命并完成这个使命。

第11章 沟通团队，左右逢源

沟通如果符合对方的期望、价值及目标，它就会很有力量。

第12章 执行团队，让执行力贯彻始终

你的首要责任是将自己的所有潜能都发挥出来，因为这都是为了你自己。

第1章

组建团队，你需要慧眼识人

左右企业命运的不是企业家本人，而是企业的人才数量。雄厚的人才储备是企业持续发展的关键。

注重细节，由小见大

水滴虽小，却能折射出太阳的光辉；蚁穴虽小，却能使黄河决堤、一溃千里。可见，小处虽小，却能见大。大灾害并不全是突然而降的，它多是因为平时的毛病未被人知晓而一点一滴的积累而来；而成功也并不是一日之功，同样是平时注意自己言行从而得到的。故要找失败的原因，应多看看自己平时的所为；要成功，就应时时注意，从生活中的点点滴滴做起。那么，要识人以促成自己事业的成功，就应从小处识人，从小的言行之中看到大的方面。

谚语说，见一叶落而知秋之将至也，因为从一叶飘落这一小的方面就可以知道大的方面——秋天快到了，知人亦是如此。一个人的品性、志向和好恶都体现在平时生活中的小事中，只要仔细观察就可发现许多有用的东西。这就如同从蛛丝马迹中发现一个大的阴谋或是知道一个宝藏的所在。有一位母亲的话对我们应有启示，她告诫自己的儿子：“如果有一个女孩跟你去吃西餐，点了‘全餐’，起初上来的开胃菜、面包、汤、沙拉，她全都吃光了，等到后面的主菜和甜点，已经撑不下去，你可别怪她。她绝不是浪费，只是不会点西餐，甚至可能没吃过‘全餐’。但你要是哪天遇见一位小姐点了全餐，而且从头到尾，每道菜只碰一点点，可就应小心了。那真是太浪费，只怕你将来养不起。”这位母亲的话可谓真有见地。人生的经验使她学会了从小处识人。

西方一位著名银行家的经历应该对我们识才有所启示。他早年工作极不顺利，几次应聘都没有成功，当他带着一颗受伤的心走进一家银行，不幸的是，他又被拒绝。默默地，他走向了大厅的出口，不经意间，他发现地上有一枚闪亮的图钉，就蹲下身去把他拾了起来。这时银行的董事长恰巧从这儿经过，看到了这细小而又平常的一幕，董事长别具慧眼，认为这种人正是银行职员所需的，任用他的话一定会把银行的事办好。第二天，他就接到了银行的聘任书。此后，他努力工作，把银行管理得井井有条，董事长死后由他接任，最后成为世界著名的银行大王。这位银行大王的产生得益于生前的董事长慧眼识人。如果董事长稍微粗心一点，或者是虽然看到这感人的一幕却没有思考一番，那么这粒闪亮的“金子”还会继续埋在沙堆里。用人是领导成功的关键，而用人之前提是要识人。管理者能以小识人，可见其与众不同。

从实践中观察鉴别人才。真正的人才不在“纸上谈兵”，而关键要看的是其实干能力。时代需要的是实干家而不是空谈家，空谈何用？如果要说空谈的用处，诙谐一点就是空谈可以败事可以误国。怎样判断一个人是空谈家还是实干家，方法不过是让谈话者去干实事。用一句很简单的英文谚语即可道明实干与空谈的差别：“Actions spask louder than words”，这既可以说事实胜于雄辩，但笔者以为说行动比语言更重要较为恰当。

“路遥知马力，日久见人心”，管理者往往很难一时察觉某某是否有才，但直觉上领导又不忍放弃选才的机会，于是不得不抱着一种试试看的心理，兴许试用之后贤庸必然自明。但试用是要担风险的，万一试用不成，不仅没有觅到自己需要的人才，反倒把自己的择人秩序给打乱了。聪明的领导便顿生一计，让人到下层去办事，通过对其“政绩”的考察来发现人才从而给予升迁，这确实是一种好方法。现代的多数企事业单位招聘人才大都有一个试用期，试用期满，老总就会对下属的成绩作一个评价，能够留下来的当然是为领导所满意的被认为是人才的下属，有时领导还会从特别优秀者中选出一部分委以重任。这便是管理者以政试之，察其真才的做法。

有时，管理者没必要让所有的人都去做相类似的事情，而是选出较为器重的人，让他们去做特定的事，看他们的处事技巧，从而判断其是大才还是小才。这一部分人往往是领导考察的对象，如果工作出色，令领导满意，极有可能成为领导的接班人。而领导选择接班人更要谨慎行事，委之以政，时时考察。往往选择接班人的结果如何，恰恰反映了一个领导的识才能力，是一个领导有无识才艺术可言的标准。

《周书·苏弹传》对以政试之有一个简易的说明：“彼贤士大夫之未用也，混于凡品，竟何以异？要任之以事业，责之以成务，方与彼庸流较然不同。”它告诉我们让贤能的人去干一定的事，他们的才能就能显现出来。三国时，“卧龙”与“凤雏”两相齐名，最初“凤雏”庞统没有得到重用，于是他带着鲁肃和诸葛亮的推荐信去投刘备，但去后并没有把推荐信拿出来。刘备不了解庞统的才能，就把他派到耒阳当县宰，可他到任后不理政事，终日以酒作乐。有人将情况报告刘备后，刘备就派张飞去察看。张飞去后，果如所言，就责备庞统说：“你终日在醉乡，怎么会不耽误事呢？”庞统便让下面的人把所积公务都拿来，不到半日，便批断完毕，而且曲直公明，毫无差错。张飞大惊，回去向刘备具说庞统之才。这时庞统才将推荐信交上。信中鲁肃称庞统不是个只能管理小县的人才，建议刘备重用。诸葛亮这时回来也称庞统是“大贤处小任，以酒糊涂”。刘备这才认识到庞统是有杰出才能的人，便委以重任，作为诸葛亮的副手，共同参与军机大事。

刘备任委庞统，察其才能，再加上鲁肃、诸葛亮两位的推荐，终于找到了自己日日思念的贤人。

现实中，委之政事来查其真才实学的方法为多数领导所青睐。这里有一个典型的例子。

在一次招聘会上，一位应聘者自己有足够的“硬件”，更重要的是还做过学生会干部，有一定的工作经验和管理能力，说得天花乱坠，把该用来形容自己优点的词几乎都用上了。他以为这是外资企业，管理者一定会喜欢这种大胆且敢于自我推销的下属，但招聘的领导并没有被他的话所迷倒，先是把他派到一个小车间管理生产，试用期三个月。结果试用期满，这位应聘者把那个车间弄得一踏糊涂，不得不灰溜溜地逃之夭夭。这位管理者是聪明的，知道现实中许多人喜欢说大话，吹捧自己，但一到实干的时候就露馅了，因此就安排一个棋局让他去走一着，能与不能自然就反映出来。

真金不怕火炼，真才更不怕检验。如果是人才，在管理者委以的重任中，发挥自己的才干，从而为人所识；在管理者方面通过让下属办事，从而知晓下属才能的大小，进而判断该让他们干什么事。委以责任，既是管理者识人艺术的体现，也是管理者识人用人的关键。要不为市场上种种的人才所蒙蔽，管理者何不试试“委以责任”这把“杀手锏”。

跳出圈子，换一种眼光

许多有才之人之所以不被人识得，选才者囿于传统定式也是一个重要的原因。管理者局限在自己的空间内，如常地对待来应聘之人，久而久之就形成了一套思维定式，可以说是识人的眼光在这样的环境中定型了。这样对管理者选才来说是极为不利的。那么，管理者是否想过跳出自己生活的圈子，以另外一种心情、一种眼光来看待人才呢？如果管理者真的这样做了，他会感觉到“换个方式，眼光不一样”。

某大学人事处主任专门负责招聘外籍英语教师，凭一贯的方法，都是从一大批应聘者中根据他们的文凭以及初次面试的印象来加以选拔。但是这样的结果并不好，许多高薪聘来的外教没有真正的教书育人的能力，尽管他们说着一口纯正的英语。一次、他在大街上碰见一个美国人，便主动上前与之攀谈，二人一见如故，谈了很多问题。这样他对这位外国朋友有了一个初步的了解。在一次约会时，这位人事处主任和那位外国朋友谈起英语教学的事。那位美国人说自己没有教口语的经历，但同时又补充说如果让他教他会如何如何，真说得头头是道。人事处主任不禁说明了自己的真实意思：请他当外教。当然这位美国朋友也欣然答应。事后，这位新来的外教在工作中非常出色，而且以自己独特的方式引导学生，使学生学英语的兴趣倍增。而实际上，人事处主任心里明白，这位美国人没有某某大学的文凭，他只是一个来中国的打工者，但他有实才。从此，这位人事处主任一改过去招聘外教的方式，招揽了一大批有实才的外教，学校的外语教学也越来越好。

可见，只要改变一下眼光，到下边去看看，保证会找到自己想要的人才。当你作为管理者，真心地走人基层，人家根本就不知道你，他们不会把文凭之类的东西拿出来说我是多么地有能力。他们会坦诚地和你交谈，用一点一滴的实事向你展现他们的能力。没有隐瞒没有欺诈，管理者更能清楚地识人。这样识得的人才不易，而管理者勇于微服私访也是可赞。

意气相投，从朋友认识他

物以类聚，人以群分。不同的东西被分配在一起是因为它们有相似之处；不同的人走在一起，是因他们有共同的语言，有相同的志向，所谓“意气相投”而已。很难想象一个志存高远、正直无私的人会与一个无恶不作的大贪官成为深交。“道不同不相为谋”，不同的情操、不同的追求，决定了各人所走的路不同，想到这些就不难理解为什么人以群分了。志趣不投之人走在一起如一场没有爱情的婚姻，它不会长久，要识人也就有必要观其行，观其所交之人。如果一个人交的是狐朋狗友，而另一个人交的是金兰之友，毋须多言，优劣一见便知。

人生活于一定的环境之中，不可避免地要与外界打交道，受人影响也是在所难免的。古人一语中的：近朱者赤，近墨者黑。“孟母三迁”的故事说明了环境的重要，也说明了对交往的人应予以重视。如果小孟轲与一帮市井之人整日混在一起，后来定不会成为“亚圣”。

要做好自己的事往往需要朋友的帮助，为此，广交朋友成为一种风气。但要交到好友应有所选择，而要识才也可看看他交的是什么样的朋友。

古人有“谈笑有鸿儒，往来无白丁”之说，这是就学识而言，管理者观其所交谈之人，定知他是有学识之人。知其友而知其人，交往的人的情况实际从侧面反映了本人的情况。隋末，王圭隐居于南山。一日，他的母亲李氏说：“你将来可能会显贵，但不知你交往的朋友是什么样的，能否找个机会让我见见他们。”过了几天，好友房玄龄、杜如晦不邀而访，李氏一边准备酒饭让他们尽情欢饮，一边暗自观察。待房杜二人走后，李氏忙说：“两位客人都是辅助帝王的人才，看来你能够显贵了。”李氏所见确实不错，后来，房杜二人果然当了太宗皇帝的左右重臣。王圭也做了侍中。王母之所以能肯定地作出判断，因为她通过观察知道房杜二人的才德，观友知子，从而更深一步地了解了自己的儿子。

领导考察人才，可试着去观察一下他所结交的朋友，从而作出自己的选择。如果管理者发现其所交之尽是有才有德之人，那么领导就应大胆地任用，因为一方面这人多半是有才之人，再者“一个好汉三个帮”，自己有困难的时候，还可寻求下属的朋友的帮助，可谓“一箭数雕”，何乐而不为呢？

听取别人的建议

常言道：当局者迷，旁观者清。管理者如果亲自去识才的话很易受蒙蔽，也就是说管理者由于自身处于其中，很难从众多的表象之中分清真才。这时管理者何不从另一方面考虑呢？这就是“兼听民意”，看看众人对某人的评价就知道他是否是人才。

人在社会中，不可避免地要与他人发生关系。生活于人群之中，自己的一言一行都被身边的人瞧在眼中，记在心里。天下没有不透风的墙，所以生活于群众中，群众对人的了解是最彻底的。那么一个管理者不花多大精力就可识得一个人才，到群众中去走走，听一听他们的声音，这是最简便易行的办法。

这里要注意的是对待人言要“兼听”，不要只听到几个人的意见就以为是“民意”。这其实只是少数人的观点，民意是大多数人的观点，是从群众中的极多数人的观点中总结出来的，它们是相似或是相同的意思。故管理者应尽量多地听取群众的意见，并且在此基础上认真地分析，找到真正的东西。

明朝初年，朱元璋以重典治国，但由于法制不健全，不少官吏被错捕入狱。但经其所治人民为之申辩和请求，朱元璋也因此而赦免被错捕之官吏，有的还因知其贤能惠政而得以擢升。一次，永州知县余亭城等人因事被捕，其所治人民上京申辩，列举他们的善政，朱元璋立即予以纠正，赐袭衣宝钞放回。他们复任后，努力工作，政绩更显著。从这件事我们可知，官吏的好坏，其治下的群众是最清楚的，领导如能经常倾听群众的意见，那么就能鉴别下属的好坏了。官场如此，企事业单位亦是如此。管理者若要真心识才，就有必要去群众中走走，听听他们的意见。

现在盛行的民意测试就是考察人才的一个好办法。在竞选中民意的支持度决定了候选人能否入选，这民意其实就代表了人民对他的整体评价。管理者要用有才之人，让群众推举人才就是一策。

通过相互对比来识人

俗话说，没有比较就没有鉴别，对比可以知人之长识人之短，从而更好地鉴别人才。比较识人既可以与自己相比较，也可以在同类人中比较，具体如何操作要看领导的习惯如何。

1. 知己又知彼

人贵有自知之明，但要清楚地知道自己并不是那么简单，这需要有敢于正视自己弱点的勇气。然后根据自身的优点与缺点与所识之人进行比较，就可知己之短，识人之长，知己之长，识人之短。短与长，比较而视之，相得益彰。比较自己与他人的优劣之处最易识人。刘伯温一世相才，虽不为相，但其才智过人，并能慧眼识人，自知又知人。明初，李善长被罢相以后，朱元璋积极物色丞相的人选。当问到杨宽如何时，刘伯温说："杨宽有相才无相器。他难以做到像水一样公平处事并以义理来评判是非。"朱元璋又问汪广洋如何，刘伯温说此人气量狭小，较杨宽有过之无不及。当问到胡惟庸时，刘说："此人如一匹驾车的马，臣担心他把车驾翻了。"朱元璋想了想说："我选相才，无超过你的了。"刘伯温赶忙说："不可不可，臣嫉恶如仇，性情刚烈，又没有处理繁杂事务的耐心，让我做丞相，恐有负圣恩。"事后汪广洋等人都有不同程度的重用，胡惟庸还做了几年丞相，但相继失败，并同时被处死；可见刘伯温知己又知人。刘伯温通过自己与他人的比较，细数别人的优点和缺点，为皇帝用人提供了参考，不愧为一个智者。

知己知彼，不仅从自己的优缺点中发现对方的优缺点，同时根据相似的经历又可预见别人的优缺点。美国的大法官可以轻易地看出年轻律师所玩的花招，因为美国的法官都是从优秀的律师中选拔出来的，这些法官都有过律师的经历，所以对律师就了解得极为清楚。管理者也可以以自己年轻时的经历与应聘者或是下属作一下比较，从而既可以知道他们的缺点，又能发现他们中一些人的可贵之处。领导根据自己的人生经验还可对他们提出某些忠告，从而赢得他们的心。

2. 同类相较而识人

同类相较，主要是横向的比较，即从同一类人中相互比较来选任人才。总的说来有两种：一是把要辨别的人同已胜任某特定职位的人相比，比如要选择一个处长，就拿这个人与其他几位处长作个比较，如果能力相差无几就可任用，万一能力较现在的处长还要高，就可以委以更重要的职位；另一种是在一群人中选择优秀者然后加以使用。这种方法往往会出现“矮子中选将军”的情况，即所选择的团体总体素质不高，就是最优秀者也不过尔尔。因此前一种更多地为领导所运用。

不过，用第二种方法在一些场合也未尝不可。只要领导所比较的对象都有很高的能力就行了，然后从中作出选择可以达到同样的效果。

朱元璋曾在北伐灭元之战任谁为主将的问题上犹豫不决，常遇春和徐达都是战功卓绝，不分高下的战将。最后朱元璋仔细地比较这两个人，他发现常遇春极易冲动，而徐达遇事总是要三思而行，于是朱元璋就决定让徐达做主帅。作出这样的决定，朱元璋是有自己的考虑的。徐达做事谨慎，这正是一个临阵对敌的主帅所必需的。常遇春虽战功卓绝，若作为主帅，如果冲动行事，很容易在关键时候导致失败。果然，在徐达的指挥下，明军直捣大都。朱元璋打下江山靠的是用人，而用人之先则是能识人，可见其用人艺术的高明。

人才形形色色，很不易鉴别，但只要把他们放在一起，各人的优缺点立刻就鲜明地表现出来。现代领导识才可用此法。比如领导提出要办一个项目，有好多人都主动请缨，这时领导就应慎重地比较一下他们的优劣之处，然后选择他们中最优秀的人去做。如果这些人都不能令人满意，领导也别勉强，留空位以待来者。

挑选人才要公开公正

领导在识别人才的时候，要不受主观感觉的影响，不为世俗偏见所左右，在实践的基础上用理性思维去评价和考核人才，这才是识别人才的重要原则。重男轻女思想、论资排辈思想和求全责备思想，都不利于识别有利于单位发展的人才。同时管理者必须坚持公开公认的原则。对于单位来说，人才的选用一定要公开，不仅要公开人才的选择范围，而且要公开人才的选择标准。

同时管理者在选择人才时，要秉承公认的原则。有许多优秀的人才，由于长年在基层工作，最了解他们的是一线下属。正常的情况下，得到同事们认可的人才，一般都具有一定的代表性和先进性。因此在人才的选拔上，要有一定程度上的民主。当然有些时候，对于一些特殊的人才可以不采用公认原则，因为他们可能在性格上有诸多缺陷，从而影响他在别人心目中的认同度。破格录取人才的办法只能在特殊情况下才能使用，否则会引起整个单位的动荡。

公开公正原则要求管理者以身作则。管理者在对人才选拔的时候，一定要制定详尽的人才选拔标准，并向众人昭示，自己正是靠这种标准选拔人才的。

管理者理所当然的是集体的核心，集体事业的成败实际就是管理者事业的成败。管理者必须也应该把全身心的精力放在集体事业上，处处为这个集体考虑。在识才任人上，管理者也应出以公心，从集体发展的角度出发，仔细辨别应聘者才能，能者聘之，无才者拒之，而不管人家是你的亲戚还是密友。不过，针对不同的人采取的方法应不一样，对于亲近之人，当然不好直接回绝，应多找些借口，让对方知道你是真心的，这样既有益于集体又有益于自己的事业。同时又处理好了与亲近之人的关系，不至于自己在人际关系中处于孤立的境地。这需要管理者发挥好自己的用人艺术。同样对那些有才能之人，只要能促进本团队的事业都应大胆地选用。生活中，我们会发现，管理者可能会与下属或其他人之间存在这样或那样的不快，姑且不问导致这种不快的责任在谁，一个英明的管理者应勇敢地把这种不快抛在一边，做自己该做的事。事实上，如果管理者真心用了那些与自己有过节儿的人才，人家公认为你宽容大度、不计前嫌，从而会更加卖力地工作，对你当然也会尊敬有加。用人必须出以公心，这既是一项原则，又是前人经验的总结。识才必须至公，而不为私利所惑。为个人感情所欺，为外部压力所屈，实是不易。要做到至公，除了管理者本身具有以公为上的高尚品质以外，还要跟自己的憎恶喜爱作斗争，还要游离于亲情之外，还要能抵制外部忽来的压力，做到不避亲仇，为国取才、为公取才。

毕竟“血比水浓”，常人对自己的亲人总有一种特殊的感情，无论是在外工作或是呆在家里，都希望能为亲人做点什么。对朋友也是一样，几个人志同道合、情同手足，那份感情真是剪不断也诉不完。那么在识才用才的问题上，管理者良心的天平该向哪边倾斜呢？

汽车大王亨利·福特曾经说过这么一句话：“越好的技术人员，越不敢活用知识。”

福特是在单位经营上，屡次发明增产方法的人。他为了增产的事和他的技术人员研商时，他的技师往往说：“董事长，那太难了，没有办法的，从理论上着眼，也是行不通的。”而技术越好的人，越有这种消极的个性。因此令福特大伤脑筋。福特实在说出了一种真理。

在面对一项工作时，一个人如果对有关知识了解不深，他会说：“做做看。”于是着手埋头苦干，拼命地下功夫，结果往往能完成相当困难的工作。但是有知识的人，常会一开头就说：“这是困难的，看起来无法做。”这实在是画地自限，且不能自拔的现象。

今日的年轻人，多受过高中、大学的教育，所以有相当的学问和知识。由于现代社会的变迁，分工很细，单位的工作项目也愈来愈繁杂，所以年轻人具备高程度的学问知识，在一方面来说，是必要而且是很好的事。但重要的是不要被知识所限制，也不要只用头脑考虑太多，要决心去做实际的工作，然后在处理工作当中，充分运用所具备的知识，这样的

话，学问和知识才会成为巨大的力量。尤其是刚从学校毕业的年轻人，最容易被知识所限制，所以要十分留心这一点。发挥知识的力量，而不是显示知识的弱点。

在实际工作中常常可以发现，一些工程技术人员虽然学历不高，却往往具有较深的专业知识和较强的实际工作能力。相反，一些高学历人员，虽然各方面都表现不错，却没有强烈的个性，与他们谈话留下的印象不深。一个人实际工作能力的高低，并不能单从学历或应聘时获得的笔试、面试成绩，就可以看得出来的。具有了实际工作经验，也未见得能力就强，创造性就高。20世纪90年代初，日本在人员招聘中提出要注重实际能力，特别是选拔事业开发型人才时主要看他的综合基础能力，就像挑选运动员苗子一样，关键看他是不是一块好材料，有没有发展潜力。高学历不等于高能力。在招聘过程中更应注重招聘那些高能力的人才。

心理素质和态度同样重要

现代经济社会的竞争是激烈与残酷的，而这势必给每一个单位每一个下属造成强大的压力。单位是否能顶着压力前行，是否能在竞争中脱颖而出，不仅看下属的技术水平和工作能力，还要看其是否具备良好的心理素质。在我们招聘新下属时，我们是否考虑过这些问题：新招进来的下属是否具有创造才能和创造精神？是否能领导和训练他人？他是否能在团队中工作？他是否能随机应变并善于学习？他是否具有工作热情和紧迫感？他在重压之下能否履行职责……在一些发达国家或地区，如美国、日本、英国等越来越重视对下属心理素质的考察，并通过一系列心理素质测定来判定招聘对象心理素质的高低。他们认为，这是一个可以减少冒险，促进做出完美决定的过程。其实，目的只有一个：就是要找到心理素质较好的人才。

一个真正意义上的人才应是德才兼备的。才，无可置疑，就是反映在工作能力和心理素质上；而德，一般来说就是从工作态度中体现出来。良好的工作态度，往往能为本人带来工作激情和动力，从而提高工作效率。当然我们不能将工作态度简单地和。工作绩效联系在一起，还必须考虑到单位环境的各种具体条件的影响，这是单位在日常经营管理时所应该考虑和处理好的客观因素，而在进行人员招聘时，应聘者所持有的工作态度，却是我们不得不考虑的主观因素。由此为本单位选拔到具有良好工作态度的人才，必将能使以后的经营管理工作事半功倍。

咨以谋略识才

要知骡马的脚力如何，牵出去遛几圈便知；要知人的能力如何，问问就知。为了识别某人是否有才，管理者可以把他叫到自己的办公室，先闲聊几句，等对方静下心来以后，把自己事先准备好的问题拿出来问问对方，如果他能对答如流，并能提出自己的建议和对某些重点问题的个人看法，就可以判断这至少是一个才。如果对方一问三不知，谁还能对之予以重任。或者对方能说出一点零星的看法，但不成体系，条理紊乱、语无伦次，一听便知这种人难堪大用。

谋略识人在于一问一答之间，对方的思维和做事能力、应对能力都一览无遗。管理者可以很快地判断眼前的人是大才还是小才或是不才，从中管理者还可大略地预见对方的发展。有时，管理者还可以从对答之间知道对方的抱负和人品。因为对某些大事做出全面的评述，再客观地讲一些事实之外，不可避免地要插入自己对人对事的评价，这评价之中有主观的也有客观的。很显然，人总是对自己感兴趣的并坚信的东西给予很高的评价，而对那些不感兴趣的则颇有微词。

咨以谋略可以观人心志察人见识，在实际中多为管理者所采用。譬如现在流行的招聘就多是采用这种方式。一般考试人才分为笔试和面试。题目往往也是让应试者说说对某事的分析并提出自己的观点，仅此而已，但要做好确实不易，这实际就是应试者能力的一个展现。能力欠缺者当然不可能做出明确的分析并提出有价值的建议。管理者用此种方法选才，真是高明。

其实，咨以谋略识才在古代就不是一个新鲜的名词，现在只是稍微变了一个方式而已。在先秦，就有与人交谈天下大事来识才，管理者纳士之风盛行，这一遗风一直影响到后世。其中，为后世所熟知的就是诸葛亮与刘备谈三分天下之势和朱元璋向刘伯温询问争天下的谋略。

想当年，诸葛亮躬耕于南阳，不求闻达于诸侯，但潜心专研学问、探索天下时势。刘备起兵抗曹，但因为没有好的谋士，节节败退。听说有叫诸葛亮者极其有才，便三顾茅庐，终于得见诸葛亮。随后，刘备与诸葛亮谈论天下时势。刘备说："如今天下大乱，汉室将衰，奸臣专权，主上蒙尘。我自不量力，欲为天下伸张正义，却因智术短浅，屡屡失败。然此心此志，犹未改变。望你能为我出谋划策。"经过几番体察，诸葛亮对刘备已有较多的了解，认为刘备是理想的人君。于是便把隆中十年所观察的天下形势作了一番精辟的分析："当今天下，豪杰割据争雄，不过形势已渐渐明朗。曹操拥兵百万，挟天子以令诸侯，不可与之争锋；孙权占据江东，历经三代，深得民心，可作盟友；荆益二州地势显要，然据有者皆无能之辈，将军若能得此以为基地，内修政治，外结孙权，一旦局势有变，即可令将士北伐洛阳，则霸业可成，汉室可兴。"这便是著名的《隆中对》。诸葛亮一席话令刘备茅塞顿开，深感此人智术超群，助自己功成名就非他莫属，于是便诚恳地请求他出山相助。

诸葛亮几句话就让刘备知道诸葛亮的才能，是因为隆中对中反映了诸葛亮对情势的掌握和对天下大势的分析相当完整而高明。如果说他对刘表政权内部情况的了解是基于处身于荆襄当地，而对相隔数千里之外的益州竟也如此了如指掌则令刘备惊诧。由此可见诸葛亮的见地不凡。

刘备以隆中对识得诸葛亮，而明代朱元璋也以同样的方式识得刘伯温。从而为实现天下归一做了很好的一步。

朱元璋效法刘备三顾茅庐，终于以自己的真诚感动了心如死灰的前朝落魄士子刘伯温，使他归于自己帐下。

刘伯温一见到朱元璋，即发表一番宏论："元帅利用天下大乱的时机，从民间发展自己的势力，虽然白手起家，但是做事业却处处顺应民意，打出的旗号也光明磊落，这是王者之师的风范。现在我们面临两个敌人，西面是陈友谅，东面是张士诚。陈友谅占了饶、信、荆、襄之地，几乎拥有了大半个天下；而张士诚仅仅拥有沿海之地，他的势力向南只不过到了会稽，向北只不过到了淮阳，他行无定势，成不了气候。陈友谅以蛮力对待他的部下，跟随他的人都心怀怨怒；而且陈友谅剽悍鲁莽，从来不把和别人交战作为一种难事，然而实际上打几次仗后就一定使百姓劳苦。

部下怨恨就不可能给他卖力，老百姓劳苦就不能拥护他。所以陈友谅会容易战胜的。擒贼先擒王，猎兽先猎猛，现在的战略最好是征服陈友谅。陈友谅的地盘最广，战胜了陈友谅，你得天下的事就定了。”

这段宏论极似诸葛亮的隆中对。他对时势的把握如此透彻，使人一下便知他的战略意图。根据刘伯温的分析，在东西两方，攻打陈友谅，只有自守之力的张士诚很可能按兵不动；而攻打张士诚，“剽悍鲁莽”的陈友谅定会乘虚而人。而且时局关键不在张士诚，而在陈友谅，灭了张士诚，陈友谅依然强大，而灭了陈友谅，则张士诚闻风丧胆，“天下之形成矣”。

这样一来，朱元璋心里豁然开朗，刘伯温也顺理成章的受到朱元璋的重用。

咨人谋略很容易探究一个人的见地如何，这是管理者知才识人的一个重要方法。管理者要更深入的识人还必须参照其他的识人技巧，做出综合的评价。从一个人的口头上并不能完全知才，如果说知才的话姑且只能先说是“辩才”。战国时的赵括熟读兵书，每每对其父谈论军事都头头是道，对答如流，有时还问得赵奢无以应答，但最终赵括长平败亡，只落得个“纸上谈兵”的笑柄。故仅咨以谋略还远远不够，还应在实践中考验，事实上诸葛亮是在后面的决策中发挥了自己的才能才受到进一步的重用。

诚信是选人的第一要素

中华民族自古就以“诚信为本”，诚实是一个人应有的品德。诚者忠诚，诚者不欺，用诚实之人既可使领导真正了解内部的情况，同时又会在外界树立良好的口碑。

1．诚实者不欺

一般情况下，诚实的人绝不隐瞒自己的缺点，也不掩饰自己所犯的错误，有什么情况都完全地反映给上级。这对管理者是极有利的，因为通过他们，可以清楚地知道整个团体内部的情况，如果有不如意之处可以马上改正。领导怕就怕下级把虚假信息告诉自己，这样就很难看清形势，从而阻碍事业的发展。因此管理者都乐意用正直诚实的下属。宋朝鲁宗道在朝廷为官，一次宋真宗有事找他，使者到他家时，鲁宗道却不在家。过了很久，鲁宗道才从酒馆里回来。使者要先回去向皇上回报，担心地问：“如果皇上怪罪下来，你用什么事推托一下呢，”鲁宗道笑着说：“就如实说吧？”使者说：“这样你会获罪的，”鲁宗道说：“饮酒乃人之常情，欺君才是大罪啊？”果然，使者回去如实报告，真宗感慨鲁宗道诚实可靠，遂加以重用。

时至今日，任用诚实之人仍然极为重要，欲望泛滥的年代，能守着自己心灵的净土的人并不多，这样诚实更是难能可贵。因此管理者就应更加义不容辞地任用诚实之才。

2．诚实能给团体带来信誉

对外能诚实地说明自己的缺点，别人不但不会讨厌你，反而会更加了解你，从而支持你。因为诚实说明你是真心的。而一味地掩盖自己的不足，虽被装饰得冠冕堂皇，若一旦东窗事发，人们知道真相后就会唾弃你并从此不再理你。所以领导识人用人就要以诚为贤，加以任用，这样可以提高团体的信誉，而信誉是用多少钱都买不到的。

美国一家面包企业的董事长凯瑟琳·克拉克给下属制定了严格的规定：出售的面包超过了3天不卖就要运回企业销毁。有一年秋天，美国某州发生水灾，粮食紧缺，面包脱销。这天，一个下属开着满载要销毁的面包的汽车行驶在灾区的路上，半路饥饿的灾民看见了，把车团团围住，要买下这一车的面包。下属坦诚地说："这是过期的面包，企业规定是不能卖的，不然我的饭碗就丢了。"但饥饿的灾民却顾不了那么多，一定要买，一旁的记者也来说情。最后万般无奈之下，他想出了一个巧妙的办法，演了一场强买的喜剧。这事在电视上播出以后，公民为这位下属的诚实所感动，因此企业的形象也骤然而升，面包的销量在几天内就增加了好几倍。这家企业成功的关键就是善于用诚实的人。

讲诚实特别是在商业中极为重要，从上面事实就可以知道。因为与人谈生意不是一次两次，要使自己的企业兴旺发达，必须做长久生意。就算骗得几万，又有何益，骗得了第一次却骗不了第二次。这样反倒把自己的牌子给砸了，真是"搬起石头砸自己的脚"。

信誉是一个企业的生命，要让自己的企业长盛不衰，领导用诚实之人是一个不可缺少的条件。

第2章

管理团队，做到人尽其才

将最好的机会、最重要的职责留给最有能力的人，这是优秀企业的一贯表现。

合适的职位安排合适的人才

古人曰："君子所审者三，一曰德不当其位，二曰功不当其禄，三曰能不当其官，此三者乃治乱之源也。"可见，能当其位是用人的重要原则，是判断管理者用人是否正确的首要标准。在用人时，管理者对人才一定要量体裁衣，既不能让统御千军的将帅之才去做伙头军，也不能让县衙之才去当宰相；既不能让温文儒雅、坐谈天下大事的文官去战场上驰骋，也不能让叱咤风云、金戈铁马的武将成天呆在宫廷内议事。应该辨清各自的特长，派其到相符的地方或授予其相应的职位。不当其位，大材小用或者小材大用都是用人失败之处。大材小用造成人才的极大浪费，必挫伤人才的积极性，使其远走高飞，另谋高就；小材大用只会把原来的局面越弄越糟，成为专业发展路上的绊脚石。"用人必考其终，授任必求其当"，古人已经给现代领导们作出了榜样。

狄仁杰就是一位善于用人的官吏。有一天，武则天问狄仁杰："朕欲得一贤士，你看谁能行呢？"狄仁杰说："不知陛下欲要什么样的人才？"武则天说："朕欲用将相之才。"狄说："文学之士温藉，还有苏味道、李峤，都可以选用；如果要选用卓异奇才，荆州长史张柬之是大才，可以任用。"武则天于是擢升张柬之为洛州司马。过了几天，武则天又问贤，狄说："臣已推荐张柬之，怎么没任用？"武则天说："朕已提拔他做洛州司马。"狄仁杰说："臣向陛下推荐的是宰相之才，而非司马之才？"武则天于是又把张柬之升迁为侍郎，后来又任他为宰相。事实证明，张柬之没有辜负重任。可见狄仁杰多么懂得任人应当其位的道理?

在考虑能当其位的过程中，领导不能仅仅以人才能力的高下来衡量，还得考虑人才的性格、品行。如果此人性格懦弱、不善言辞，则不宜让他担任公关和推销方面的任务；如果他处事较随意，且常出一些小错，不拘小节，就不应任用他做财务方面的工作；如果品行不太端正，爱占小便宜，且比较自私，对这种人尤其要小心任用，最好不要委以重任或实权，还要使其处于众人的监督之下，不至于危害大局，一旦发现其恶劣行为，立即严惩不贷，绝不心慈手软，以防止“一粒老鼠屎搅坏一锅汤”。所以，作为领导，在用人时一定要从人才的能力、性格和品行等多方面综合考虑，再授予一个适当的位置。

此外，作为领导还需考虑一个重要因素，即年龄。年轻人热情奔放，充满活力，且敢拼敢闯，创造力强；中老年人沉稳、冷静，忍耐力强，且经验丰富、老到。年轻人缺乏的是经验，中年人缺乏的是闯劲。了解到这些，领导就可以根据该项工作的特征确定合适的人选。

同时，领导还不能忽视年龄层次问题，机关部门、事业单位的年龄层次可以适当偏大一些。而企业的年龄层次宜年轻化一些。因为年轻人精力充沛，后劲十足，工作年限还很长，而年纪较大的人可能即将离任。这样就避免企业出现人才断层，有利于企业持续快速发展。

用人要坚持宁缺毋滥

宁缺勿滥要求管理者在用人时选用精兵良将，如果在当时没有找到合适的人选，宁可让职位空缺，也不滥竽充数。

1. “官”不必备

古人曰：“官不必备，唯其才。”用人之多少，应根据工作需要而定。在确保工作质量的情况下，再合理安排职位，然后根据一人一职的原则任用人员，既不可备位，也不可备人，更不能在找不到合格人选的情况下随便以人顶替。否则，就会影响整体效率和质量。

古人对任人时宁缺勿滥的原则也早有认识。早在唐朝吴兢就提出“官在得人，不在员多”，宋朝苏轼曾强调“省事不如省官”。西魏苏绰在其《奏行六条诏书》中极力主张裁减官吏以避免人浮于事的弊端。他说：“官省，则善人易充。善不易充，则事无不理。官烦，则必杂不善之人。杂不善之人，则政必有得失，”北宋包拯坚持用“勤”，不用“冗”。他针对北宋冗员众多，“居官者，不知其职者，十常八九”的情况，向仁宗皇帝指出：“欲救其弊，当治其源，在于减冗杂而节用度。”他主张“留神深察”，对于“固位无职”而又无所事事的官员坚决予以清除。可见，“官不必备，惟其才”，古往今来就是用人任人的一条重要准则。这句话对今天仍有重要的借鉴价值。

2. 任之以专

一个人能力再高，在短时期内都难作出重大成绩，人的聪明才智的发挥需要一定的时间，因此其能力和功绩须在较长时间内才能体现出来。管理者在任人时一定不能急功近利，急于求成，经常更换人事，这样做会适得其反，离自己所要求的目标越来越远。正确的做法应该是一旦确定了人选，就给予充足的时间，让其潜心研究，放手施为，反而能够作出显著成绩。

北宋王安石曾特别强调任人必须“任人以专”、“久于其任”。他主张一旦确定合适的人选，就让其多于几年，予其充分展示才华的时间，则“智能才力之士则得尽其智之赴功，而不患其事不终其功之不就也”。古人尚且如此，今天的领导更应理解其内涵。经常更换人事不仅对事情本身于事无补，而且会弄得人心惶惶，纪律涣散。法国经济学家亨利·法约尔对人员任期问题有一段深刻的解释。他说，人员任期稳定是一个均衡问题。雇员适应新的工作和很好地完成工作任务都需要时间，即使是假设他有相应的能力，如果在他已经适应工作或在适应之前被调离，那么他将没有时间提供良好的服务。如果这种情况无休止地重复下去，那么工作就永远无法圆满完成……因此，人们常常发现，一个能力一般但留下来的管理人比一个刚来就是杰出的管理人更受欢迎。这段话虽然是针对企业而言，但同样适用于其他组织和机构。它深刻地告诉管理者任之以专的重要意义。

当然，任之以专并不是任期越长越好，它并不排斥工作人员的正常变动，只是强调要给人以充分展示才华的时间，保持人员的相对稳定，有利于事业的发展。

兵不贵多而贵精

社会上有种情况屡见不鲜，即某个官职由一人担任便足以应付，却安排了好几人。这种现象表面上看是体制问题，实际上是管理者在任人上的严重失误。不用余人是管理者应该严格遵守的原则，否则就会造成机构臃肿，冗员繁多，效率低下。

1. 兵不在多而在精

唐太宗李世民，任人就一贯坚持“官在得人，不在员多”的原则。他多次对群臣说：“选用精明能干的官员，人数虽少，效率却很高；如果任用阿谀奉承的无能之辈，数量再多，也人浮于事。”他曾命令房玄龄调整规划三十个县的行政区域，减少冗员。唐太宗还亲自监督削减中央机构，把中央文武官员由两千多人削减为643人。他还提倡让精力旺盛、精明能干的年轻官员取代体弱多病的年迈官员。通过这种方法，朝廷上下全都由能人主持，办事效率大大提高，使得政通人和，出现了繁荣昌盛的“贞观之治”。

相反，太平天国在南京建立政权以后，洪秀全滥封王位，至天京失陷前，封王竟达二千七百多人，造成多王并立，各自拥兵自重，争权夺利的混乱局面，从而致使天京事变的发生，促使太平天国由胜而衰，走向败亡。这成为管理者以后用人的深刻教训之一。不用余人，是保证令行禁止和高效率的重要条件。

随着市场经济的发展，“兵不在多而在精”，越来越为众多领导人重视。近年来，中国上自国务院，下自县乡机构都大刀阔斧地展开了精减机构，裁减冗员的政治体制改革。企业也不甘落后，都大力实行下岗分流的改革。这样削减了大量不必要的机构和冗员，既减轻了国家和企业的负担，又大大提高了办事效率。许多企业逐渐扭亏为盈，一些国家机关、部门也由原来的一片混乱变得井然有序。可见，“能者上，庸者下”，同时把好数量关，是做到不用余人的关键之处。

2. 人多未必好办事

中国自古以来有“众人拾柴火焰高”、“人多力量大”以及“人多好办事”等形容人多好处大的词句，但这些并非“放之四海而皆准”的真理。管理者们应具体问题具体分析，不要盲目应用。尤其在任人问题上，人多未必好办事。

首先。人多了不利于统一管理。无论是企业还是机关部门都必须统一管理，才能有高效率的出现。而如果本该一个人办的事却安排几个人去做，就可能产生意见分岐，互不相让，甚至产生矛盾，最后分头行事或者大家都一走了之，谁也不办。人多了，各有各的看法，加上一些人可能心怀不轨，就难以统一意见，办事效率可想而知了。避免这种情况发生的最好办法就是管理者在任人时就不用余人。

其次，冗员繁多易形成懒散的作风，效率低下。古语说，“一个和尚挑水喝，两个和尚抬水喝，三个和尚没水喝”，无疑是人多未必好办事的生动写照。不难理解，由于一职多官，遇到事后相互推委，都怕惹火烧身，都想明哲保身，做一个好好人，效率当然上不去了。中国有句很流行的话，“一个人是条龙，两个人是条蛇，三个人是只虫”，可能就是形容这类现象吧。

最后，冗员繁多不利于人才聪明才智的发挥。由于没有集中的权力，加上相互牵制，都怕对方超过自已，一些人才的想法和看法得不到尊重，策略也无法实施，导致了人才资源的浪费。一些有才之士虽有满腹经纶却无法施展，这对企业或部门的发展都非常不利。

学会与部下“共商大计”

某些单位管理者不屑于与部下平起平坐，把等级观念看得很重，认为决策权是自己地位的象征，不想与部下共同决策，这种带封建色彩的管理思想早就过时了。

也有的管理者认为自己了解的情况，比部下全面，自己的能力、水平也比部下强，部下提不出比自己更高明的计策来，这是许多管理者共同的误区。应该承认，这些人成为单位最高领导人，的确是因为有过人的才干，但往往正是这些能力强的管理者自恃才高，不愿听部下看似愚蠢的意见，独断专行。有人说：精英管理是独裁管理，道理也就在这里。

其实，管理者的想法再高明，部下不接受，那也是一厢情愿废纸一张。管理者要想办法使自己的决策变成部下的想法。能诱导部下自己提出来，让他们认为这是他们自己提出来的，这样的管理者才是最高明的。

当然，参与决策的人越多，单位机密被泄露的可能性也越大。而且，参与的人越多，所花费的时间也越长，决策的执行也可能因此而受到延误。

尽管有这些不利因素，但也是值得的，因为让人们参与决策对他们有影响的变革是非常重要的。如果管理者要得到部下全力以赴的支持，就必须让他们共同参与行动，而且愈快这样做愈好。

一旦在相同的目的之下，充分发挥相辅相成的作用和机能：急躁的上司配以稳重的部下，胆大的领导配以心细的下属……任何成就的造就都会变得容易、迅速得多。

有一次，美国玛丽·凯企业竞争对手企业的助理副总裁向玛丽·凯求职。他很伤心地对她说：“我已经无路可走了，我们企业已经无法再继续发展，再呆下去我实在也没有前途可言。”

他们谈了一会儿之后，玛丽·凯发现了他抱怨该企业的真正理由。那家企业正在修订行销策略，而这位助理副总裁没有被列入策略修改委员会的一员，而正如他所说的，凡是这个委员会的成员都被视为“高级干部”。因此，他对该委员会提出的任何改革政策都极力反对。所以，玛丽·凯不得不下这个结论：假如他也成为委员会的一员，他就会采取支持的态度。他是一位聪明的年轻人，如果能参与这项工作，一定能对该企业有所贡献；相反的，正因为他无法参与，他的反对态度甚至促使他辞职而去。归结来说，就是一个优秀的工作人员的自尊心受到了伤害。

每个人都有自我意识，不论你喜不喜欢这个事实，身为管理者，当你在做有关属下人事决定和其他决策时，都必须慎重考虑。

工作和生活要区分开来

用人是一门艺术，它就像作战时排兵布阵一样，用人得当，则大功告成；用人失当，就有满盘皆输的危险。因此对管理者来说，用人时切忌心慈手软，当断不断，造成后患。古代帝王通过强大的王权而建立的用人制度，自然而然的是用王权为威；今天的用人者，是没有这样的条件了，但用人以严的道理确是应永记心头的。

所谓用人以严，并不是说领导没有一点人情味，对下属不苟言笑，冷若冰霜，使下属整天战战兢兢，如履薄冰，而是说领导在用人中要做到刚柔相济，恩威并重。在平常生活中，尽量实现“柔”和“恩”；在工作中，则应像军队一样做到军令如山，说一不二。说到用人以严，最有名的例子恐怕就是蜀相诸葛亮挥泪斩马稷了。街亭失守，马稷难辞其咎。作为一名优秀的将领，作为诸葛亮的好友，如今却犯下如此低级错误，该怎样处罚呢？这是摆在诸葛亮面前的一道难题。若不严惩马稷，那么以前苦心经营的严明军令将一举作废，导致军心涣散，甚至使北伐大计也会成为泡影；若是严惩，马稷确实是难得的人才，又和自己有莫逆之交，杀之于心不忍。这种进退维谷的两难境地并没有难倒深谋远虑的诸葛丞相。他深知用人之术，该宽则宽，该严则严，决不手软。挥泪斩马稷，与其说是诸葛亮高风亮节的展现，倒不如说是这位丞相用人艺术和才华的全面释放。

用辩证法的观点说，事物总存在正反两个方面，用人艺术中的宽和严亦是如此。文艺复兴时期的思想巨匠马基雅维里曾说过，软硬两法最好是二者兼备。他认为，人作为一种感情的高级动物，总有一种趋利避害的倾向。受到恩惠便产生爱戴。受到威吓便产生恐惧。对于一个成功的管理者而言，“爱戴”和“恐惧”的情感应同时存在于下属的头脑中。完全的老好人形象和专制的暴君的形象，都不应是成功的管理者在大众中树立的形

象。可见对于管理者而言，用人必须做到宽严相济。

但马基雅维里也谈到，受到恩惠而产生的爱戴感往往是暂时的，不永久的，由于威吓而产生的恐惧则往往长久地印存在人们的头脑中。中国民间谚语中也有类似的表述，即“一朝被蛇咬，十年怕井绳”。再如第二次世界大战德国的纳粹暴行，虽然过去已几十年了，但现在人们提起来仍心有余悸，生怕暴行重演。由此不难看出，在有些时候，积威产生的恐惧比恩惠而生的爱戴要有效得多。对于管理者用人，也应注意到这一点。当然对于管理者来说，同样还要注意的一点就是，“严”一定要把握好尺度，因为“严”掌握得不好，往往使人容易想到暴行，这是管理者最不愿意看到的结果。

在用人过程中，施威与善后也是一种宽严相济的艺术处理方法。在工作的任何时候，对任何人都同时使用宽严两种方法并使之运用得当是非常难的，甚至可以说是不现实的，这就产生了另一种恩威宽严的结合方式，那就是施威于前，尔后再进行善后处理。

有经验的管理者深知，上下级之间的交流最忌平淡无奇。一阵狂风暴雨过后，天青青水蓝蓝，才显得彩虹是如此迷人。管理者适时适度地威严于前，有利于下属严格按照要求办事，从而早日成功；不失时机的善后处理，又使下属对领导重建好感。达到雨过天晴的效果。

总之，在用人过程中，宽和严都是必不可少的，二者如鸟之双翼，车之双轨，缺一不可。当然，至于宽和严的合理使用，则要根据不同的事具体而定了，并没有一个统一的格式可遵循。

让良性竞争循环起来

有这样一则寓言说，猎狗追逐一只兔子没有追到，旁边有只狐狸问道：“今天你跑的怎么这么慢，全没往日的威风啊？”猎狗答到：“现在主人为我准备食物，我已不需要自己猎食了。你要知道，为了生存而奔跑与嬉戏时的奔跑是完全不同的。”在这则寓言里，有一个道理就是生存的竞争往往能激起人最大的能量来，使一些看似无法做到的事变成现实。

在用人方面，也应充分运用这一生存规律，做到竞争优先，优胜劣汰。在竞争方面，有人一度把它作为私有制条件下的尔虞我诈，弱肉强食的不正常现象。实际上，它作为一种社会现象和组织行为，并不为资本主义社会所特有，而是客观存在于人类社会发展的始终。社会的前进离不开竞争。用人方面不仅需要竞争，而且也无法排斥竞争。

实践证明用人必须改变那种只上不下，只进不出的封闭僵化体系，而始终保持一种有上有下，有进有出的开放式流动体系。人若是处于这样一个流动的体系中，不仅充满了进取心，而且也有危机感，犹如逆水行舟，不进则退，不会有丝毫的大意。

一个组织中的活力，主要来自于具有开拓创新精神、永不服输的拔尖人才。过去渔民从远海捕捞沙丁鱼，在运回海港后总有很多死掉，渔民们使用了很多方法，想使沙丁鱼能活着运回去，但收效甚微。后来聪明的渔民终于想到一个好办法，那就是在运沙丁鱼的水池中放入一些生性好动的鲇鱼，鲇鱼在池中不断追逐，使沙丁鱼在运动中延长存活时间，终于安全运到了海港。有管理者从中受到启发，便在组织中安插了几位充满活力的人才，使原本死气沉沉的组织一下充满了生机和活力，并形成竞争向上的气氛。

人的才能往往是以潜能的形式存在的，没有竞争，就很难发现其潜在的能量。伯乐相马，有一个重要的方法就是让马奔跑起来，给每匹马都创

造平等的表现机会，展开公开的竞争，让马充分地表现自己，那时千里马自然就会脱颖而出了。用人亦是此理，如果人人都坐太平椅，吃太平饭，那么天才和庸才即使有天大的差别，也表现不出来了。

竞争可以产生忧患，忧患促使人们更加努力地工作，以期在竞争中获胜。那么为什么会有如此效果呢？这是因为它符合现代科学原理。现代科学原理认为，在生存的竞争中，人们会不遗余力地奋斗求生，充分发挥潜在的能量，爆发异乎寻常的勇气和力量，从而做到平时难以做到的事情。例如在一次火灾中，一位妇女竟把一只大木柜子从二楼搬到了楼下，火灾过后三个强壮的男子才勉强把它搬回原来的位置。这样的事在生活中虽比较特殊，但是危机可以激发人们的潜能，都是人们所认同的。

物竞天择，适者生存。竞争，是任何时候都避免不了的，在工作岗位中引入竞争机制，也就是顺理成章的事了。

用人不疑，疑人不用

管理者在用人时应该坚持“用人不疑，疑人不用”的原则，既然用了，就要予其绝对的信任，给予广阔的空间，使其人尽其才。也只有这样，人才才会绝对信任管理者，投桃报李，为管理者尽展其才华。成功的管理者大都爱对部下说：“你们放手去干好了”这既是一种鼓励，又是一种放权，因为他们非常明白：只有让手下放手施为，尽其所能，才能创造出辉煌的成绩。

周恩来总理在人尽其才方面给我们许多有益的启示。新中国成立以后，中国共产党由打天下变成了治天下。如何使那些戎马一生、功勋卓著的老帅、将军和民主人士一展其长，为新中国效力，周恩来可谓费尽苦心。陈毅，人称儒将，文能治国，武能安邦，把大上海交给他管理，更能尽其才；贺龙，“两把菜刀闹革命”，戎马生涯之余，喜欢玩玩球，锻炼身体，当体委主任最为适合；傅作义，这位对和平解放北京有过特殊贡献的将军，曾在兴修河套工程方面做过许多工作，由他担任水利部长，当能胜任；解放前一直拒绝做官的民主人士黄炎培，德才兼备，出任政务院副总理兼轻工业部部长，恰如其分……在周恩来的安排下，可谓人尽其才，为中华民族的振兴做出了巨大贡献。

在当今企业界中，更多的管理者认识到了人尽其才的重要性，并用之于实践，都取得了良好的效果。日本丰田汽车企业老板丰田喜一郎充分信赖销售专家神谷正太郎，让其不受任何约束地工作就是一个突出的典型。事实证明，丰田喜一郎是正确的，神谷正太郎无愧为一个销售天才。他为丰田汽车企业的飞速发展立下了汗马功劳，用尽了自己的聪明才智，而且他对丰田始终忠诚不贰。人尽其才的任人准则在此得到最充分的体现和证明。管理者们应该加以借鉴和应用。以减少人才资源的浪费，促进企业或事业的发展。

根据下属的个性协调工作

前面已经说过，人之为人，就会有很多个性。管理者在用人过程中应注意下属们的个性，安排合适的工作；另外还要有容人之心，不在小事上过于苛求，使组织成为一个统一团结、不可拆散的整体。

但即使如此，就一个组织来说，上下级之间、成员之间的矛盾和分歧，仍是经常发生的。其实这并不为奇，黑格尔曾精辟指出：矛盾是无时无刻不在的。协调和排解这些矛盾，就是管理者的工作重点之一。

让我们首先关注一下组织中易产生矛盾的几个因素：一是利益的冲突，集体有集体利益，个人有个人利益，虽然说其根本利益是一致的，但就现实情况而言，大多数人还是极关注自己的个人利益的，工资、奖金、福利处理不好，极易产生矛盾；二是观点分歧，这种矛盾虽不由个人恩怨引起，但若不能及时排解，也极易变成人与人的对立；三是感情冲突，有些人素质差，或出言不逊，或盛气凌人，招人反感，最终引起敌视。当然，引发矛盾的因素还有很多，我们现在把主要精力放在矛盾的解决上。

追本溯源，这些矛盾的产生，主要是由于管理者在用人方面出现了偏差。在一个组织中，领导与下属不是一对一的关系，而是一对多的关系，这就要求领导不仅要重视个人，而且要重视整体，尽量做到协调用人。比如说一个课题需要由几个人来同时完成，那么在选用人才时，不仅要注意人专其才，而且应尽量选取志趣相投的人一起工作，这样就减少了产生矛盾的隐患。另一方面，就是不要闲人，一个人能完成的工作，就绝不安排第二个人，这一点也是极其重要的。如果人有其责，那么就没有更多的心思去放在勾心斗角上了。

用人协调，并不是说一味地当和事佬，哪儿出现险情，就去哪儿救火，而是要合理用人，设法使组织保持一种科学而合理的结构，各种人才比例适当，相得益彰，实现相互补充、取长补短。

用人协调，一般来说要从以下几点人手：一是注意年龄结构；二是注意志趣相投；三是注意健全制度。

就年龄方面而言，一般来说老年人深谋远虑，经验丰富，但思想易保守固执；中年人思想开阔，成熟老练，但创新精神锐减；青年人思想解放，敢想敢干，但缺乏经验和韧性。如能将这三个年龄段的人才合理搭配，梯次配备，就可以充分发挥各年龄段的自然优势，获得理想的整体效果。

当然这里说的合理搭配，并不是要搞平均主义，总体比较而言，较为合理的方式是两头小，中间大，即以中年人为主，兼用老年人丰富的经验和青年人敏锐的创新精神。实践证明这种结构具有较强的耐压性，也能够保持工作的稳定性。

就志趣而言，不妨以马克思、恩格斯二人为例来说明。马、恩之所以具有非凡建树，不仅在于二人超人的天才，而且在于二人实现了知识、才能、性格上的互补。马克思善于思考观察，分析问题透彻，老成持重，从不讲未经深思熟虑的观点；而恩格斯思维敏锐，性格外向，性子急，能及时捕捉到新思想、新事物。马、恩在一起工作，恩格斯能帮马克思捕捉灵感和信息，而马克思又能使恩格斯的认识得到深化和提高，二人相互配合，共同做出了伟大的贡献，堪称典范。二人之事对今天的用人者来说，是有不少借鉴之处的。

最后说健全制度。没有规矩，无以成方圆。领导用人，如果一味靠感情用事，即使是再高明的领导，恐怕也无法完全解决矛盾。制定一套健全的用人制度，则是实现协调用人、优化结构的保证。

三个和尚没水吃，究其原因，就是因为没有建立起一套合理的用人制度。如果把和尚比作领导手下的人才，就可以出现这样一种场面，一个人才是艰苦奋斗的问题，两个人才是协调用人的问题，三个人才则是机构臃肿重叠，需要优化组合的问题了。如果工作中职责不清，分工不明，必然会产生互相扯皮，争功诿过的现象。领导用人，切忌出现“三个和尚”的问题。

一个组织，就是一个密切联系的统一体，一个系统的根本特点就是整

体性。一个组织就如同一个健全的人，各个部门就如同人的各个器官，对于一个人来说，多余的器官是毫无用处的，同样对于一个组织来说，多余的部门和人员也是无益的。

适时让下属承担更重的责任

每个人都喜欢有责任性的工作，在座谈会中，大部分人都有如此的想法："让我从事责任更大的事吧？"或者说"责任感愈重之事做起来越有价值"。

为什么人们想负这么多的责任？最大原因在于愈有重责则表示此人愈有能力。不过给了某人责任之后，相对的也要赋予相当的权限，在此权限内，可以依照自己的方法做事。低层工作人员或从事单纯、辅助性工作的人员，即使能圆满完成任务，也不觉得有什么自豪感，这是因为他们不能依自己理想做事之故。

每个人都有强烈的欲望，希望别人看重他，故想多负担一些责任。因为负担了责任，自己就有责任感，换句话说，给了某人责任与权限，他就可以在此权限范围内有自主性，以自己个性从事新观念的工作，因此他就拥有了可自己处事的满足感与成就感。

1．不要做啰嗦的主管

主管若过于啰嗦，无论大小细节都要说明、吩咐，只会徒增部属的烦腻，同时部属也会觉得自己根本无需负责，于是欠缺责任感，工作热情也随之降低。在啰嗦的主管吩咐下的工作人员，其责任感较企业给予概括的指示，然后一切细节由工作人员自行负责者来得低。比如：某企业里一位A股长调职，继任者是B股长。不到一年的时间，该部门生产量增加了16%，在此我们研究了A、B股长的作风。A股长一天到晚楼梯爬上爬下，不厌其烦地指示部属；B股长作风却迥然不同，任何事仅指示大纲，一切细节则由部属自行负责，他也不限制部属的自由，完全尊重他们。部属因为依照自己的想法做事，愈做兴趣愈浓，也希望将该事做到完美的境界，因此达到了良好的效果。因二人作风不同，工作成效也大不相同。

照这个例子看来，不仅要让工作人员负责任，而且要赋予他们相当的权限，使其可依照自己意志做事，如此才能提高工作效率。

2．权责必须平衡

责任与权限必须均衡。很多主管对属下只强调责任，而极少赋予权限，只是一次次地指示他们，以致部属根本毫无机会依照自己的办法去做，在此状态下，无论如何强调责任都无法收到预期的效果。

在许多企业、机关中，责任与权限无法合二而一。权限都集中于上级，部属仅负责任而已。须知无论何事，一旦欠缺权限则产生不出责任，因此责任与权限必须始终一致。

那么，责任到底是什么呢？工作人员有完成工作的义务，假若无法完成或工作成果不好时，就非要负责任不可了。但所谓的责任并非要提出辞呈，或者要等待受罚，而是将失败之处加以弥补，使其不良影响降至最低限度，而且要找出失败的原因，绝不再重犯。

另外，部属做错了事，领导也不能免除责任。当自己的属下失误时，在处罚部属之前必须自己先反省一番，看看自己的做法是否妥当，导致失败的原因何在，并且要改正缺点，这才是主管人员的职责所在。

在与年轻人的交谈中，大家都认为："任何一件事，上司若信任我们，可放手让我们单独去做，我们必定会更加卖力。"新来的下属在经过一段时间的锻炼之后，逐渐积累了工作经验，新鲜感再加上适当的经验，使他愈做愈有味道。反之，若积年累月做同样的工作，时间一久会觉得枯燥无味，单调无比，原先的工作热忱也渐渐消失了。故领导应依照下属工作熟练程度，由最基本的D级工作晋升做C级工作，再由C级跳到B级，如此一级级地赋予较高级的工作，他们做起事来也不致有厌倦感。

但是工作编排并不只限于纵的方面赋予高级工作，有时也可在横的方面赋予范围更广的工作，其中的道理都是一样的。

用人要坚持公正公平公开

管理者要克服种种不良的心理状态，牢记用人以公，选拔人才使用人才都要出以公心，为了组织的长远利益和发展，而不是为了自己或小团体的利益，这样才能为组织发展储备丰富的人才资源。

出于公心选人留人用人，是管理者必须具备的重要心理素质之一。只有这样的管理者才能任用贤人，不任人唯亲，不拉帮结派；才会用人所长而不浪费人才；才能真心为组织谋良才。管理组织的职位设置和管理的职权有限，而组织内有才华、有能力的人很多，管理者用什么样的人，用谁，是非常棘手的问题。如果不加选择而贸然行事，必将引起方方面面的矛盾，不利于团结和工作。

因此，现代企业管理者的用人，要有一个正确的出发点，那就是要出以公心。要以有利于管理组织发展和组织成员积极性的调动为出发点，不讲私情，不搞妥协，不回避矛盾。真正将愿为管理组织作贡献而又有真才实学者提拔任用到各级管理岗位上，以推动组织目标的高效实现。管理者用人，不可能使各个方面和每个人都满意，只要是出以公心，出于事业发展所需，最终会赢得尊重，赢得人心。因此，管理者在培养用人的公心的过程中必须要善于克服以下几种不良的用人心理。

1．任人唯亲心理

任人唯亲心理指的是用人者不管德才如何，只是选择那些和自己感情好、关系密切的人，或者任用自己的亲属等。表现在以下四方面：

（1）“以我划线”

谁拥护自己、吹捧自己，就提拔谁。把自己管理的部门搞成“一人得道，鸡犬升天”的“封地”。

（2）“唯派是亲”

凡是帮朋派友，不管是否有德有才，都优先加以考虑。

（3）“关系至上”

有“关系”的人起用，没“关系”的人靠边。

（4）以血缘关系作为用人的标准

致使组织呈现家族化的倾向。人事上的近亲繁殖，扭曲了用人标准，压抑了他人成长和能量的释放。

这从王安企业的失败中可窥一斑。王安企业曾经实力雄厚，在1984年，有21亿美元营业额，雇用24800下属。王安失败的一个重要原因就是缺乏下属之间凝固的社会基础。王安本人受中国传统文化的影响，对本家族外的高层主管不放心，也不信任。当外部环境发生变化，企业经营遇到困难时，他把企业大权交给自己的儿子，本应继任的美国经理却遭到冷落，导致许多有才华的经营主管在关键时刻离开企业，企业绩效一败涂地。

任人唯亲会严重危害企业的发展。表现在四方面：

（1）阻止了优秀人才的加盟，不利于企业素质的提高。

（2）使经营者大权独揽，独断专行，顾此失彼。

（3）导致下属不思进取，缺乏创新和忧患意识。

（4）导致企业内部争权夺利，缺乏凝聚力。

我国许多企业，包括一些国有企业、私人企业，长期以来发展缓慢，打不出名牌，实现不了竞争规模的重要原因之一就是缺乏使企业发展壮大的社会资本，缺乏对人的信任程度和合作精神。很多私人企业的老板管理手段简单粗暴，武断专横。企业管理结构原始落后，用人方式任人唯亲。企业高层管理者对亲朋好友重点提拔，而对圈外人则另眼相看，不予重任，生怕自己的位置被人剥夺。这样的企业怎能招聘人才，留住人才。入世之后中国的职业管理者要意识到信任的基础不能建立在“血缘”、“地域”上，而应该建立在专业化知识与表现上。

2．论资排辈心理

这种心理是指管理者把资历深浅、年龄大小和辈分高低作为提升和使用人才的主要依据。提拔干部时，不管他有多大才干，机械地按年龄资历从上往下排座次。虽然资历是历史的记录，在一定程度上反映人们的实践经验，但我们不能把它绝对化，既不能把资历与能力画等号，也不能把资历与水平画等号。人的才能高低与工龄长短、资历深浅有着一定的联系，但资历并不完全与实际才能成正比，成反比的现象也并不罕见。管理者用人论资排辈会给组织带来如下危害：

（1）阻碍了大批中青年人才的成长，与现代科学文化发展规律是背道而驰的。

（2）阻碍了人才竞争，挫伤人才的积极性和创造性，使真才实学的人被压抑、埋没，有才难展，有志难酬。

（3）易使资历深、辈分大一些的人滋长居功自傲心理。人才使用有一个时效问题，一个人的才能不是一成不变的，而是一个抛物线的过程，从才能显现，到炉火纯青，再到才能衰减。一般认为，管理工作的年龄曲线在50岁为峰值年龄；技术工作的年龄曲线在45岁为峰值年龄；科学研究工作的年龄曲线在37岁为峰值年龄。这就要求我们破除论资排辈的旧观念，抓住各类人才的最佳年龄阶段，不拘一格选拔使用人才。

为人才创造一个公平竞争的环境，同时要大胆提拔、破格使用，在使用中帮助他们克服缺点，这样有助于人才的发挥，有助于组织事业的发展。

3．信谗心理

在相当多的组织中，总是有那么一些心术不正的人，为达到卑鄙的目的，采用不正当手法，散布流言蜚语，干扰决策者用人决心和意图。使决策难辨真伪，产生偏信谗言的心理状态。造成的恶劣后果是：

（1）压抑优秀人才，良莠不分

对于兢兢业业、埋头苦干、忠厚老实、不愿逾矩的人予以伤害；对于有魄力、有能力、敢于冲破阻力，开拓进取的人予以伤害。

（2）使组织氛围恶化

抑正纵邪、是非不分、忠奸倒置，好人受气、受屈，心术不正之辈弹冠相庆，使组织舆论导向、价值导向偏离正常组织目标。

（3）损害决策者威信

由于信、纵谗言，导致人际圈子越来越小。有的企业的决策者就是由于嫉妒心理和信谗心理，把好端端的企业搞垮了，人才大量流失，信誉下降，产品销售不出去，最后只得倒闭。

4. 怕担风险心理

在一些人眼里，年轻人办事不牢，个性强的人容易捅娄子，这两种人被提拔进管理班子总是不那么容易通过。尤其在一些国有企业里，年轻人即使进了班子也是往后排，个性较强的“野马”进班子也就更难。怕担风险的另一表现是用人不讲时效。研究证明，很多脑力劳动者，其工作早期是最富有效率的年代，这些人到40岁以后，年龄和成就之间往往出现了反比关系。遗憾的是，这些研究成果并未引起用人单位的足够重视，在一些人的眼里，30岁属“嘴上无毛”之列，40岁还是“嫩扁担”一根，硬是要等到人家“老”了、“成熟”了以后才给提拔。可悲！

以上几种不良心理状态是管理者在用人过程中很容易出现的，管理者要克服种种不良的心理状态，牢记用人以公，选拔人才使用人才都要出以公心，为了组织的长远利益和发展，而不是为了自己或小团体的利益，这样才能为组织发展储备丰富的人才资源。

第3章

激励团队，要使用一定的方法

管理者的终极任务就是要引导出员工的工作热情和希望。

了解性格，因人而异来管理

与有“问题”的下属在沟通和相处方面都会有困难，但作为管理者，必须在可能的范围内，尝试了解他们的性格，并进行因人而异的管理，而且要牢记这项工作是非常需要时间和讲究方法的，不可操之过急，否则，将会适得其反。

性格是一个人个性的核心，它直接影响到人的行为方式，进而影响到人际关系及工作效率。因此，在管理过程中，根据人的不同性格采用不同的管理方式是提高管理水平的重要手段。俗话说，“人心不同，各如其面”。人与人之间性格差异很大。一般来说，有几类人的性格较为突出，也比较难管理，下面分别做出介绍，为管理者提供借鉴。

1．脾气暴躁，常与人结怨者

某君自卑感很重。他在工作中表现很认真，也很执著，但不顺利时，他总认为是其他人故意刁难他，为此经常大发雷霆，甚至到领导那里“投诉”，造成办公室火药味浓重，人际关系紧张，直接影响了其他人的工作情绪。

当这类情绪激动、怒气冲冲的下属跑到你办公室“投诉”时，你首先应让他们坐下来，然后仔细聆听他们的谈话，不要发言，因为他们在激动时所说的话往往是杂乱无章的、未经组织的，让他们把事情的经过说完，或者在一定程度上说，是让他们宣泄完愤怒的情绪，相对冷静下来之后，再来表示你的处理方法。

你不必试图改变一个脾气暴躁的人，也不要敷衍他们，更不能从中转换话题。虽然任何一个企业的纪律都不会要求改变下属的不良性格，但你必须告诉他们，动辄发脾气的人感情上通常不够成熟，要教会他们学习控制自己的情绪，并强调企业不赞成以乱发脾气的方式来解决问题。也可以尝试着给他们安排一些多见文件少见人的工作，鼓励他们多参与同事们的

活动，让他们知道他们是跟大伙儿同一阵线的，没人愿意也没有人能阻碍他的工作。

2. 自尊心极重，感情脆弱者

这类人多是一些职位较低的年轻女性，她们大部分刚踏出校门，对纷繁复杂、竞争激烈的社会不太适应。管理者几句提醒她们的话，听在她们耳中，就像被老师当众责骂，心中极为不安，无形中产生了一股压力，对工作丧失信心和兴趣，甚至产生跳槽的念头和行动。具有这类性格的下属，一般表现比较拘谨，她们总喜欢绷着脸，紧张地工作，遇到困难时诚惶诚恐，对上级说话时语调总是战战兢兢。

对待此类下属，说话时措辞要小心谨慎，尽量避免从个人角度出发，多强调“我们”和“企业”。在批评她们工作中的问题时，必须多顾及她们的自尊心。一丝温和的笑容，一句关切的问候，都会增加她们的安全感和自信心。在平时例行的工作中，不妨把握机会称赞她们的表现。再三的鼓励或许让你都感到自己唠叨，但对她们来说却是很受用的，而且有种被重视的感觉。同时，应该让她们明白，在工作中发生错误时，可能是多种原因造成的，不一定与个人能力有关。因此，不必为此感到沮丧和丧失信心。

3. 消极悲观，缺乏自信者

企业召开会议、讨论某项新建议时，有人提出反对是正常的。但你可能会发现，在你的企业里有这样一类人，他们不管提出的建议是什么，从不进行深入的思考，总是一味地阻挠和反对，这不仅会阻碍企业的变革，而且破坏了企业创新的氛围。因此，你必须深入分析他们反对的真正原因。有些人只是因为他们消极悲观，缺乏信心，担心失败。如果你发现某位下属一贯努力工作，对企业忠心耿耿，而且还颇有绩效，只是有些缺乏信心，你可以给他机会，培养他的自信心。

例如，你可以找他谈谈你的新计划，让他负责实施。起初，他可能犹犹豫豫，面露难色。此时，你可以请他不要对任何事都采取否定的态度，应该提出积极而且有建设性的意见。如果他怀疑该项计划的可行性时，你就鼓励他找出可行的方法，并且全力帮助他实施，让他体验变革的乐趣及由此获得的成就感。当然，你不要企图使消极、悲观的人一下子变得积极、乐观。你只能让他了解你是个乐观进取、凡事采取积极态度的人，尤其是接洽一项艰巨的工作时，更应以肯定且乐观的态度对待。如果他一向尊重你，多少也会被你感染而产生信心。

4. 溜须拍马，阿谀奉承者

在许多地方，常可见到溜须拍马、阿谀奉承者，他们经常称赞你，且附和你所说的每一句话。如果有这种下属，就必然有爱戴高帽子的上司。尽管各位管理者都会表白自己明智、有自知之明和不介意下属批评，但人们总是喜欢被表扬。

有些管理者认为，只要自己不为他们的吹捧而迷惑，他们的表现也不差，就可以任由他们继续奉承下去。但事实上，你的态度，会使他们感觉你默认了这种吹捧，不仅会强化他们的这种行为，还会使他们轻视你，降低了对你的尊重。对待这种下属，在与他们沟通时，无须太严肃地拒绝他们的奉承，也不要任由他们随意夸张。当他们向你卖弄奉承的本领时，你可以说："你最好给自己留一点时间，考虑新的计划和建议，下次开会每个人都要谈自己的意见。"

5. 善于表现，急功近利者

下属中，总不乏雄心万丈、积极进取之人，甚至你能感觉到下属的目标直指你的职位，许多管理者因此而忌才。但是，对待这些急功近利者却不能忽视。因为这种人往往为了个人利益不择手段，影响其他下属的工作情绪和进度，造成人际关系紧张。

与急于表现自己的下属沟通，切忌使用单刀直入式，免得让他产生你忌才的错觉，而不接受你提出的任何建议。你可以认真聆听他的建议，适当称赞他的表现，表示你对他有某种程度的赞赏。得到你的称赞，他一定会进一步表现自己，那时你可以漫不经心地告诉他："凡事都得按部就班，这样才会对其他下属比较公平，如果其他人比你更急时，你能否容忍他像你现在这样牵着别人鼻子走吗？"你的语调要像平常说笑般轻松，既不伤害他的自尊心，也让他设身处地，为其他人想一想。

6. 郁郁寡欢，以为怀才不遇者

这种下属常为自己的才华不能受到重视而终日叹息，缺乏工作热情和积极性。对待这种下属，千万别用类似的打击性语言："你有多少才能呢？像你这样的人，随便可以找到。”

这种语言会使他们感到被轻视，变得更加郁郁寡欢。平日对他们要热情，这样会使他们有被尊重、重视的感觉。交代给他们的任务，事后一定要认真过问，如果做得好，别忘记称赞两句。尽管他们在企业里只不过是些小角色，但也可以偶尔邀请他们参加重大会议，鼓励他们勇于发言，并经常给他们提供参与的机会。如果他们同时感觉到机会面前人人均等，他们会更加努力工作的。

总之，虽与有“问题”的下属在沟通和相处方面都会有困难，但作为管理者，必须在可能的范围内，尝试了解他们的性格，并进行因人而异的管理，而且要牢记这项工作是非常需要时间和讲究方法的，不可操之过急，否则，将会适得其反。

薪酬是激励下属的原动力

有一位喜欢安静的老人独自生活了很多年。他非常习惯于这种生活，可是有一天这种生活被一群孩子的来临打乱了。社区的一群孩子每当放学后都到这位老人的房子周围玩耍。他们大声地尖叫、嬉笑。老人被他们的吵闹声弄得寝食难安、坐卧不宁。不久，这位聪明的老人想出一个办法。他走出家门对那些孩子们说："如果你们每天都到这儿来玩，我就每人给5元钱。"那天，每个孩子真的都得到了5元钱。在这以后，越来越多的孩子聚集到老人的房子周围玩耍。可是有一天老人没有出来，自然所有的孩子都没有得到钱。第二天老人还是没有出来，心急的孩子们终于敲开了老人的家门对老人说："既然你不再给我们钱，我们以后再也不到你这儿来玩了，并且告诉我们的朋友都不到你这儿来玩了。"老人和孩子们都胜利地笑了。

上面这个精彩的故事告诉我们什么道理？为什么仅仅5元钱就起到这样大的作用呢？这个故事告诉我们：金钱具有一种左右人们行为的潜在力量，对"孔方兄"的喜欢是每个人潜意识中都有的东西。

金钱能够满足人们的需求，5块钱可以让孩子们买到自己喜欢的东西。为了满足自己得到那些东西的渴望，孩子们就不断地重复老人要求的行为，而当有一天没有得到钱，自己的需求没法得到满足时，他们自然就认为应该中断那些行为。在孩子单纯的心灵里金钱是行为的一种驱动，这恰恰证实了薪酬的内涵。薪酬最原始的形式就是金钱，薪酬是企业激励下属的原动力。

薪酬能提供一种保障，能够给下属一种宽慰，这就好比农民有一块好土地，在风调雨顺的时候，可以保证他年年能有一个好的收成。薪酬能够满足人们的基本生活的需要，能让人们买来所需要的生活必需品。在自给自足的社会里，人们可以自己生产绝大多数的生活必需品，而在如今高

度商品化的社会里，人人都得为了钱而工作。我们需要钱购买所需要的一切，我们需要钱来应付我们的日常生活开支。薪酬只有能够满足下属的基本生活需要才能让下属感到安全，才会把下属留在原有岗位上继续工作，否则，下属就会考虑另外的工作选择。

薪酬对下属极为重要，它不仅是下属的一种谋生手段，而且它还能满足下属的价值感。薪酬是社会衡量一个人价值的基础体现，因此，它在很大程度上影响着一个人的情绪、他的积极性和能力的发挥，等等。当一名下属处于较低的岗位工资时，他会积极表现，努力工作，一方面为了提高自己的岗位绩效，另一方面为了争取更高的岗位级别。他会体验到由于晋升和加薪所带来的价值实现感和被尊重的喜悦，从而更加努力工作，这是任何企业应该尊重的客观事实。当今的社会，企业领导用物质来激励下属不但不是一件不光彩的事，反而有极好的效果。金钱在社会中具有重要的流通作用，通常金钱的应用是一个人成功标志的重要部分。聪明的管理者最懂得用看得到、赚得到的金钱来激励下属工作的积极性。

让下属感觉到“希望”

摩托罗拉公司前培训主任说过：我们的（培训）收益大约是所投资的30倍。日洁公司，其高层领导却认为，人事管理是花钱而不是赚钱的事务，是一种应该尽量减少的开支。几年来，日洁公司一直是需要人就到市场上去招，几乎没有对下属进行过培训。重视短期投资回报率，没有树立长期人才投资回报观，这也正是许多企业普遍存在的现象。

在日洁公司，人事主管无权参与企业的战略规划和重大决策。2000年，日洁公司收购一家生物制药厂，对于这项重大决策，人事主管事后才知道。收购不久，由于缺乏该项生物技术的专业技术人员，不到几个月，该厂就被迫停产。可见，这种传统的人事管理必然造成当企业战略规划发挥作用时，却得不到人力支持的现象。

作为管理者，要充分认识到：对人力的投入不是一项花费，而是一项投资，而且这种投资是有产出的，并能不断产生出更多的回报。

在日洁公司，包括中国许多企业都存在着这样一种观点，认为人力资源管理只是人力资源部的事。而事实上，不论是人力资源部，还是其他部门，都会被围绕“人”的系列问题所包围，人力资源的管理是全体管理者的职责。人力资源管理的大部分工作，如对下属的绩效考核、激励等，都是通过各部门完成的，人力资源部这时主要起协调作用。要想留住人才，还需要有效的人力资源开发手段、方法和技术。而日洁公司在这方面的工作几乎是空白。

由此可见，采取传统的人事管理的日洁公司，造成今天这种局面是必然的。

企业就像球队一样，可以高薪聘到大腕球星，但是，如果这些球星以后只能同乙级队打比赛，也一定留不住他们。要想留住人才，不但需要充分发挥他们的作用，还要让他们有明确的奋斗目标。这就要求管理者帮助下属进行职业生涯规划，了解下属任务完成情况、能力状况、需求、愿望，设身处地帮助下属分析现状，设定未来发展的目标，制定实施计划，使下属在为企业的发展作贡献的过程中实现个人的目标。让事业来留住人才。

企业要想真正留住人才，必须树立现代的人力资源观，尽快从传统的人事管理转变到人力资源管理。需要指出的是，在知识经济时代，不仅要把人力作为一种资源，而且应当作为一种创造力越来越大的资本来进行经营与管理。

让下属的个人进步融入企业的长远规划之中，让企业的发展为下属提供更大的空间和舞台，让下属的进步推动企业的更大发展，让下属在企业有自己明确的奋斗目标，感到自己在企业里“有奔头”、有价值，愿意在企业长期干下去；在公平、合理的激励机制下建立薪酬体系、晋升制度。如果企业效益增加了，下属的收入不能相应提高，吸引人、留住人将是一句空话；营造一个和谐的工作环境和人际关系氛围，让下属能够在工作中找到并享受乐趣。

要学会“让大家一起分享”

“最后”，汤姆这样结束了简短的发言，“詹妮当选为部门的季度最佳雇员，我知道大家都愿意和我一起向她报以热烈的掌声。”于是大家都鼓掌了。

但过了没多久，当汤姆正在与保罗谈话时，听到南希对埃默里说：“她有什么特别的地方？我知道她的工作做得很漂亮，但不见得就比你我强。你不认为她和头儿有一手吗？”

简直是糟糕透了！就在汤姆同保罗的谈话结束前，詹妮走了过来。看得出来、她有什么话要跟汤姆说。汤姆明智地结束了同保罗的讨论，然后转向詹妮。

“我真的希望你能在宣布结果之前问一下我的意见”，她结结巴巴地说道，“现在组里的每个人都对我十分恼火，没有他们的帮助，我什么也做不了！”

只有一个人能得到某项奖励或是认可，就意味着其他人都是失败者。偶尔，某个人会比其他人更为突出，这时没有谁会妒嫉他所得到的褒扬——但这种事并不多见。经理如果非要从一批非常出色的下属中挑出一个人来，常常会挫伤其他下属的积极性，并导致他们工作表现的恶化。

许多经理采取轮流得奖的办法来解决这一问题，他们尽可能地使每个人至少在一段时期里都能够得到一定的认可。但如何才能真正解决这个问题呢?

首先，一有良好的工作表现出现，就予以认可，不要等什么奖励周期。雇员就像经理们一样，喜欢盛大而耀眼的奖励。

鼓励下属相互表示对各自工作的认可。来自同事的认可，其意义与来自经理的认司相当，有时甚至更有作用。当然，两者都有的话是最好不过了。

对特别杰出的下属，你的行为应注意恰当。因为这样的下属，雇员们公认他是最出色的。有时，你应该事先把获奖者提名向下属们公布，让下属们也能得到评价的权力，或许下属们对谁应得到奖励心里最有数。

但总的看来，在你和你的下属对所有出色的工作都能给予认可前，不要采用这种只让一人独得的奖励手段。不应该鼓励手下的下属互相竞争，“只让一人独得”的奖励正好犯了这个大忌。它不能促进合作，相反却很容易使下属互相保密，拒绝向别人提供帮助。

很多企业对最常见的认可手段——工作评估制定了严格的条件。不知是什么原因，人们认为严格限制得到高分的人数会有好处。这种想法很不现实！你真正应该做的是，设定一个需要全力以赴才能达到的高标准，然后尽力使所有的下属都能达到这个标准。这时你就可以说：“当然喽，我的手下个个都非常出色。”

提高下属的士气

企业的管理者们都知道，提高下属的士气，营造一个良好的企业氛围对于企业来讲多么重要。因为，实在难以想像如果一个企业的下属士气低落，该企业将如何取得成功。

在有些企业中，很多下属的素质都非常好，但却没有把他们的长处充分发挥出来，很难为企业创造更大的价值。原因是什么呢？因为他们身上缺乏E元素。什么是E元素呢？就是精力（Energy）、兴奋（Excitement）、热情（Enthusiasm）、努力（Effort）、活力（Effervescence），甚至是开支（Expenditure）。企业管理者应能够把下属身上的这些E元素激发出来，让下属为企业创造更多更大的价值。

怎样才能激发下属的士气，让下属身上的E元素发挥出来从而为企业创造更大的价值呢？成功的企业都有其一定的方法，每个企业的具体做法也不一样，但是总结起来，这些企业一般会从以下几方面去努力：

首先，企业应有能鼓舞和激励下属的远景目标。企业的远景目标要能够召唤并驱使人向前，它能激发下属内心有意义的价值，并能鼓舞追随者。

第二，使下属了解自己工作的价值。没有什么比意识到自己所做的工作毫无价值更让人士气低落的了。所以一定要让下属了解自己工作的价值所在，不管是处于技术岗位、管理岗位或行政后勤岗位，都有其独特的价值。企业管理者应首先让下属充分了解自己岗位的价值，使下属意识到自己是在做有意义的工作。

第三，给下属以一定的自由度，让下属进行自主管理。下属在一种被动执行上级指令的状态下工作很难发挥出创造性来，下属也会很快觉得工作比较刻板与乏味，从而丧失工作热情与积极性。因此上级给下属适当的授权，而不是事必躬亲或事无巨细都安排好，能够让下属感觉到自己是工作的主人，而不是被动的机器，这样才能够充分发挥下属的主观能动性，使下属对工作充满热情。

第四，要鼓励创新。下属的工作模式和工作内容总是一成不变，就会感到缺乏新鲜感，从而逐渐形成惰性，即使是很简单的工作，也可能做得力不从心。所以，应鼓励下属在做好本职工作的基础上不断创新，从而对原有工作进行改善。下属在一种持续改进工作动力的驱使下，会更积极努力地工作。当然，这种创新不一定是彻头彻尾的创新，可以在原有工作的基础上，对部分工作的方法、内容等进行创新，继承原有的合理的部分。

第五，建立一种相互信任、融洽沟通的氛围。企业是一个整体，企业的各个部门、各个岗位都是企业链条上不可缺少的一环，因此要想实现企业的总体目标，必须要协调各个部门、各个岗位的力量共同完成任务，沟通就显得尤为重要。而要进行顺利的沟通，信任是一个前提和基础。下属只有在信任的基础上才能进行充分地沟通。所以企业的管理者应该在企业内建立一种相互信任、融洽沟通的氛围。管理者应当信任下属，下属也应信任管理者。下属之间也应相互信任，在相互信任的基础上进行融洽地沟通。

最后，企业应重视人性化管理。下属不是工作的机器，他首先是人，有人的各种需求。企业应了解下属的需求，下属的生活，下属的兴趣、爱好。企业应能适当尊重下属的需求，如定期举办一些活动等，让下属不仅有工作上的紧张，也有身心上的放松。

当然，激发下属的士气，开发下属的潜能，除了以上所说的几个方面，还有其他一些方法。总之，管理者应有这种意识，就是要不断地去提高下属的士气，让下属身上的E元素充分发挥出来，让下属的潜力充分发挥出来，从而更好地为企业创造价值。

巧用“鲶鱼效应”

台湾糖业企业（以下简称台糖）作为一个古老的国营事业机构，在台湾经济发展的初期扮演着十分重要的角色，当时的外汇收入（1949年）就占整个台湾地区外汇的70%以上。由于台糖拥有大量的土地资源，所以不断地卖地仍可以相安无事，但这并非企业长久发展之计。

台糖所有的土地面积，也就因此从光复初期的近12万公倾（约为台湾面积1／30），变成今日的5.8万多公顷（约为台湾面积的1／60）。因此，20世纪90年代初期，台糖企业推行“危机管理”，凝聚企业内部所有下属的共识。就好像拔河，全部的下属都要共同为同一个目标而努力，才能发挥成效，赢得胜利；也惟有凝聚共识，才会形成力量。

新的管理架构重组之后，原先不到亿元的营业额大幅度提升到1996年的354亿元，并且在21世纪向1000亿元的营业额挑战。而台糖企业作为一个崭新的国营事业机构，给他人的印象不再是个古老封闭的事业体。

台糖这种令庞大而古老的国营机构转亏为盈的经营功力，为其企业的经营者赢得了“国营事业的艾科卡”的称号。

有专家研究发现，企业基本上由三种人组成：一是不可缺少的干才；二是以企业为家辛勤工作的人才；三是终日东游西荡、拖企业后腿的蠢才或废才。

怎样管理这三种人呢？下面的“鲶鱼效应”将给人以启发。

挪威人的渔船返回港湾，鱼贩子们都挤上来买鱼。可是渔民们捕来的沙丁鱼已经死了，只能低价处理。渔民们哀叹起来：“上帝，我们太不幸了。”

只有汉斯捕来的沙丁鱼还是活蹦乱跳的。商人们纷纷涌向汉斯：“我出高价，卖给我吧！”

商人问：“你用什么办法使沙丁鱼活下来呢？”

汉斯说："你们去看看我的鱼槽吧！"

原来，汉斯的鱼槽里有一条活泼的鲶鱼到处乱窜，使沙丁鱼们紧张起来，加速游动，因而它们才存活下来。

其实用人也是同样的道理。一个企业如果人员长期稳定，就会缺乏新鲜感和活力，产生惰性。受到启发，一位企业老板请来一条"鲶鱼"，让他担任部门的新主管。企业上下的"沙丁鱼"们立刻产生了紧张感。"你看新主管工作的速度多快呀！""我们也加紧干吧，不然就被炒鱿鱼了。"这就产生了"鲶鱼效应"。整个企业的工作效率不断提高，利润自然是翻着筋斗上升。

想要振奋起下属的奋斗意志，首先就是要建立危机意识。若是下属没有危机意识，就会安于现状，而企业当然更不会进步。企业光荣的历史不能一直缅怀，大家不能总是"吃老本"，因为这样会让下属失去忧患意识。所谓"生于忧患，死于安乐"就是这个道理。

帮助下属做职业规划

联想的下属发展理念是“个人主动规划，上级指导；业务提供事业空间和发展舞台；人力资源建立机制和体系保障”，也就是下属职业发展的实现需要个人自我负责，业务和人力资源提供平台。

联想一直致力于为下属提供多条发展路径，帮助个人实践在联想的职业发展。在联想除了“经理—高级经理/总监—总经理—副总裁—总裁”的管理发展路径外，2000年开始，联想首先从研发人员开始建立专业发展道路——推出了联想自己的技术职称体系。有志于在专业方面精深发展的研发人员可以沿着“助理工程师—工程师—主管工程师—资深工程师—副主任工程师—主任工程师—副总工程师”的路径发展，企业通过制度保障高级研发人员的责权利匹配。

2001年至今，在研发、工程、技术支持三个技术专业序列外，联想逐步开始建立渠道销售、大客户销售、产品、采购、财务、管理咨询（IT）等岗位序列的专业发展道路，通过明确各专业序列不同层级岗位的胜任能力要求，为下属确立专业发展路径和方向。比如，对一个渠道销售人员可以沿着销售助理、业务代表、高级业务代表、资深业务代表的路径规划发展自己的职业生涯。

在不同专业序列能力体系的基础上，企业有针对性地开发系列培训课程，或选择适合的外部培训学习方式。下属和直接上级就能力发展需要达成共识，通过选择不同的培训提高各项能力。同时，企业还推行轮岗、关键岗位的竞聘制度，让下属多方面发挥和展现自己的能力。

两条发展道路是实现联想下属职业发展的重要机制：对个人来说，下属可以根据个人的特长和职业兴趣选择适合的发展路径，实践自身的职业发展；对企业来说，为各类专业人才提供更多的选择机会和发展空间，最大限度地发挥了下属的潜能。什么是事业发展与规划管理？它就是企业通过人力资源发展部门，将下属追求个人事业的活动，纳入到组织发展过程中的人力资源配置和人员培训等一系列活动之中。

对下属来说，事业发展与规划是一个不断寻求工作与生活质量满意的动态平衡过程。对组织来说，帮助下属规划和发展他们的事业是最具长期效应的激励措施。通过事业发展与规划管理，能使下属的需要和利益相容于组织的目标和利益。事业发展与规划管理的过程，也就是组织和个人的目标和利益相匹配的动态发展过程。

事业发展和规划管理是以组织与下属共同成长、共同发展和共存共荣观念为基础的，是企业以人为本管理思想的较好的实现方式。它具有深层次的激励效应，具体表现在：从信息沟通的方式看，以上的匹配过程是一个单线的双向交流过程，这一过程允许下属自由提问，使下属具有平等感；从满足下属的需要层次看，这一过程能满足下属的情感需要、受尊重的需要，以及有助于满足自我实现需要，所满足的是高层次的需要：从丰富工作内容方面看，这一过程有助于下属选择做他愿意做的工作，双方可以讨论重新设计工作和工作轮换问题，可以讨论调整工作责任问题，这些都可以提高下属的工作生活质量：从下属的事业发展方面看，双方讨论下属的事业发展领域及所需的技能，并为他提供继续教育和通过参与特殊项目来发展下属的个人能力的机会，这样有助于留住优秀人才。

一方面，作为管理者，要善于将下属的绩效与对组织的贡献联系起来，增强下属对组织的归属感和自豪感，并有助于培养下属从组织大局考虑问题；另一方面，主管还要听取下属对工作绩效的自我评价，这样有助于下属提高对工作本身的绩效。从维持下属的事业和家庭的平衡发展看，双方讨论下属对业余时间的支配和发展家庭关系问题，还能满足下属提高生活质量方面的要求。从下属事业发展的途径看，能使下属的事业发展途径多样化，他既可以沿垂直的组织等级阶梯向上发展，也可以在平行的相关职位上发展，还可以通过进入专家组”，作为“核心分子”来发展。从对组织发展的风险防范角度看，由于双方讨论的问题都是未来导向性的，就使组织变革和下属的工作转换都处于相对平衡的状态，避免突然变化给双方带来的损失。

适时地对下属进行物质奖励

现在提倡精神奖励比较多，但在任何时候，管理者都不要忽视物质奖励，物质奖励是所有奖励的基础。管理者要激励下属就必须适时地对下属进行物质奖励。

1. 应该对完成了既定目标的下属进行奖励

马戏团里的海豚每完成一个动作，就会获得一份自己喜欢的食物。这是训兽员训练动物的诀窍所在。人也一样，如果下属完成某个目标而受到奖励，他在今后就会更加努力地重复这种行为。这种做法叫行为强化。对于一名长期迟到30分钟以上的下属，如果这次他只迟到20分钟，管理者就应当对此进行赞赏，以强化他的进步行为。优秀的管理者应当想办法增加奖励的透明度，比如把下属每月的工资、资金等张榜公布；或者对受嘉奖的下属进行公示。这样往往能够激励下属。

2. 要针对不同的下属进行不同的奖励

人的需求包括生理需求、安全需求、社会需求、新生需求和自我实现需求等若干层次。当一种需求得到满足之后，下属就会转向其他需求。每个下属的需求各不相同，对某个人有效的奖励措施可能对其他人就没有效果，所以管理者应当针对下属的差异对他们进行个别化的奖励。比如，有的下属可能希望得到更高的工资，另一些人也许并不在乎工资而希望得到纪念品之类的奖励，因此管理者必须首先弄清楚下属到底需要什么层次的物质奖励。

3. 奖励机制一定要公平

下属不是在真空中进行工作，他们总是在不断进行比较。不公平会让他们丧失工作的信心和积极性。因此，管理者在设计薪酬体系的时候，下属的经验、能力、努力程度等应当获得公平的评价。只有公平的奖励机制才能激发下属的工作热情。

实施各种压力减轻计划

企业领导应充分关心、关注、调查、分析下属体会到的压力源及其类型，从组织层面上拟定并实施各种压力减轻计划，有效管理、减轻下属压力。

首先要改善组织的工作环境和条件，减轻或消除工作条件恶劣给下属带来的压力。领导力求创造高效率的工作环境并严格控制打扰。如关注噪声、光线、舒适、整洁、装饰等方面，给下属提供一个爽心悦目的工作空间，有利于达到下属与工作环境相适应，提高下属的安全感和舒适感，减轻压力。同时要确保下属拥有做好工作的良好的工具、设备，如及时更新陈旧的电脑、复印机、传真机等。

其次要从企业文化氛围上鼓励并帮助下属提高心理保健能力，学会缓解压力、自我放松。领导应该向下属提供压力管理的信息、知识。企业可为下属订有关保持心理健康与卫生的期刊、杂志，让下属免费阅读。当然还可开设宣传专栏，普及下属的心理健康知识，有条件的企业还可开设有关压力管理的课程或定期邀请专家作讲座、报告。同时领导可以向下属提供保健或健康项目，鼓励下属养成良好的、健康的生活方式。如有些企业建立了专门的保健室，向下属提供各种锻炼、放松设备，让下属免费使用。

最后是从组织制度、程序上帮助减轻下属压力，加强过程管理。这要求领导注意识别人力资源的特点，选拔与工作要求相符合的下属，力求避免上岗后因无法胜任工作而产生巨大心理压力现象。同时领导还应该力求人与事的最佳配置，并清楚地定义在该岗位上下属的角色、职责、任务，这样可减轻因角色模糊、角色冲突等引起的心理压力。当然领导也应该帮助下属改善思维，抛弃不切实际的、期望值太高的目标，而建立现实客观的发展目标。

了解下属的压力及其来源

领导要激励下属必须首先减轻下属压力，而要减轻下属压力必须首先了解下属的压力及其来源。

联合国国际劳工组织发表的一份调查报告认为：“心理压抑将成为21世纪最严重的健康问题之一。”众多领导已日益关注工作情景中的下属压力及其管理问题。因为工作中过度的压力会使下属个人和企业都蒙受巨大的损失。据美国一些研究者调查，每年因下属心理压抑给美国企业造成的经济损失高达3050亿美元，超过500家大企业税后利润的5倍。

企业管理者和领导应敏感地觉察、注意到自己及下属身上的种种压力信号，综合考察各方面压力源，若发现确实存在过度压力，则应及时采取压力管理、压力控制等措施以达到防微杜渐。

企业领导必须弄清楚导致下属压力的起因即压力源。压力源从形式上可分为工作压力源、生活压力源和社会压力源三种。

首先是工作压力源。引起工作压力的因素主要有：工作特性、下属在组织中的角色、事业生涯开发、人际关系、工作与家庭的冲突和组织变革等等。

其次是生活压力源。美国著名精神病学家赫姆斯列出了43种生活危机事件，按对压力影响程度主要有：配偶死亡、离婚、夫妻分居、拘禁、家庭成员死亡、外伤或生病、结婚、解雇、复婚、退休等。可见，生活中的每一件事情都可能会成为生活压力源。领导必须关心下属的生活，及时排解下属生活上的过度压力。

最后是社会压力源。每位下属都是社会的一员，自然会感受到社会的压力。社会压力源诸如社会地位、经济实力、生活条件、财务问题、住房问题等。领导需要为下属提供一种归属感和安全保障，以排解社会压力。

管理者要想留住下属，激励下属，必须充分了解下属。而管理者充分了解下属要从以下三个方面努力：

首先，要了解下属的需求。根据劳动杂志的调查，决定下属去留的因素，有94%是因为工作责任的关系，89%因为薪水，85%因为企业文化和价值观的因素。可见在留住人才方面，无形关系的重要性，已逐渐超越高薪的吸引力。而众多的管理者还是将高薪作为留住人才的基本手段，显然是没有真正了解下属的需求。

其次，管理者要创造良好的工作环境，与下属建立友善的关系，养成互相尊敬的工作气氛，甚至在企业内形成社群，这些都可以增加下属的忠诚度。同时根据下属的不同特质，给他们不同的任务，往往能够激励下属更有效率地工作。

最后，要和下属多沟通。平时多了解下属的意见，拉近彼此的差距。宁可平日多和下属面谈，也不要等到下属想离职的时候，再花时间进行离职面谈。然而，光是倾听下属的想法还不够，管理者必须比下属更了解下属，了解下属深藏的兴趣，才能赢得人才。其实许多重要的讯息，都隐藏在日常的管理中，需要管理者与下属沟通时能多加留意，例如询问下属最喜欢做的工作是哪一部分，最近有什么挑战与困难，然后主动帮助下属，找出更适合下属的工作，帮助下属做好生涯规划。

第4章

授权团队，把要事托付他人

一流人才必须分配到最有可能产生最大效益的领域中，必须让员工感受到他们的工作具有挑战性。

学会授权，以权管理别人

管理者自然拥有权力，然而要做好管理，领导就不能把大权都统在自己一个人手中，而应将权力分一些给部下，以权统人。

从另一方面来说，一个人的能力总是有限的，即使领导“日理万机”，要把所有的事都照顾过来，都办好，那也是不可能的。

领导要想让自己的领导才能得到发挥，要想维护权力系统的有机运转，就必须在抓住主要权力的同时，合理地向下属授权，这对搞好工作，提高领导工作的效率，有着极为重要的意义。

一方面，授权是实现总体领导目标的需要。任何领导目标都是若干较低层次目标的总称。所以要搞好领导，实现目标，最好的方法是把较大的领导目标，分成若干较小的目标，再由专人负责不同的目标，这样可以减少精力分散，可以让多级领导齐心合力为实现总体目标而努力。

另一方面，授权可以发挥下属在领导工作中的积极性、主动性和创造性，可以使管理者的智慧和能力得以延伸和放大。让组织中的局面由领导一个人忙得不可开交，而部下不知该做什么，一个个无所事事，变成整个组织的下属都忙起来，而且忙得有意义。

同时，授权有助于使下属在实际工作中得到锻炼，提高其工作能力，有助于其全面发展。如果所有的下属都得到了这样的锻炼和提高，那整个组织中下属的整体素质水平就可以相应地水涨船高。

最后，授权可以使领导人从一般的事务性的工作中得以解脱出来，集中精力抓一些大事。领导的职责应当是考虑组织的发展大计，制定整体性的、宏观的目标和计划，而不应当纠缠在一些小事上。

授权是一个重要的领导方法，也是一门精巧的领导艺术，所以领导不仅要充分意识其重要性，还要在实践中认真地摸索，在运用中学会授权。

主要领导应当是帅才，总揽全局，通盘考虑关乎全局的大事，应当管好“面”上的大事，而其他领导则是将才，他们应当各司其职，管好“线”上的工作，而下属则是士兵，应当做好自己的本职工作，做好“点”上的事情。

因此，组织的最高领导应当学会“大权独揽，小权分散，以权统人，调动部属”。

一般来说，最高领导只把握好三种权力，不能让其他人越俎代庖。

（1）领导应保留对组织中关系到工作前途和工作成果的最后决定权，在下属意见出现分歧时能够权衡利弊进行“拍板”。

（2）领导应掌握对直接下属和关键部门的人事任免权，这样才能保证领导机构的正常运转和自己决策的贯彻执行。

（3）领导应保留对直接下属之间相互关系的协调，让大家精诚合作，共同把组织建设得更好。

成功需要大家一起来争取

人人都企盼成功，人人都在寻求通往成功的捷径。那么到底成功有无诀窍？这个问题不知使古往今来多少英雄豪杰伤透脑筋，作为一个领导，面对手下的千军万马，你怎样做到成功地统率部下？

做一个管理者，成功当然有路可循。只要你有心开发创造，集众智努力耕耘，也就是要活用众人的智慧，寻得力量源泉，就能扭转乾坤，登上成功者的宝座。试想，如果每个人都雇用比我们更差的人，那我们就会变成一家侏儒企业；相反，如果我们都能雇用比自己更好的人，我们就变成了一家巨人企业。

刘邦，一介布衣，出身卑微，却能缔造海内一统的伟大功业。原因何在？他成功的根本在于网罗各处人才，不但知人善任，更能因材器使，使人各尽所长。他能活用天下人才，使他们竭尽所能为他做事，因此得以建功立业，青史留名。可以说，他最擅长的是用人唯贤的御将之术，使用胜过自己的人，只求人才，不问出身，因此得道多助，成大功，立大业。

要成功，就必须活用众人智慧，应学会以下几点：

1. 藏起锋芒，给属下表现的机会

郑板桥“难得糊涂”一语甚是精彩，它道破聪明主管的做人功夫。你装你的糊涂，这就给了部下表现机会，谁不想在上司面前邀功请赏，他必然会贡献出忠言与智慧，你只需从中细辨真伪即可，这样上下一心，齐心合力，共创大业。

2. 鼓励下属多尝试

部下每天反馈回来的建议会很多，尽管不能一一采纳，但千万不要告诉他们说不行，一棍子打死，最后吃亏的还是自己。管理者应抓住时机，决不能浇熄其热情的熊熊烈火，适当鼓励引导，壮大他们智慧的火花，一而再，再而三，星星之火必可燎原，最终必有一个令你满意的好点子。

3．敢于承认部下比自己强

中国人最怕说自己不行。更不愿承认别人行，到头来只是整个企业都不行。因此大胆启用有能力的部下，让他们各尽所能，因为你的目标只有一个：建功立业。用众人的智慧建成你的功业，何乐而不为?

因此，做一个成功的管理者，切记，通过读心了解众人，然后活用大家的智慧，大胆启用比你强的人，这样建功立业方指日可待。

各司其职，层次分明

如果想做到企业管理有条不紊就要有层次。现代管理有着明显的层次分别。一个企业中有决策层、管理层、执行层。各层次都分有与之相对应的职责和权利：决策层负责企业的经营战略、规划和生产任务的布置；管理层负责计划管理和组织生产；执行层负责具体的执行操作。如果企业老板不能正确对待这一管理中存在的客观事实，便会在管理中不可避免地出现这样或那样的问题。

有一名厂长见到工人迟到就训斥一番，看到服务员的态度不好也要批评一顿。表面上看他是一位挺负责的领导，而实际上他却违背了“无论对哪一件工作来说，一个下属应该接受一个老板的命令”这样一个指挥原则，犯了越权指挥错误。下属的出勤本来是车间主任的管理范围，服务员的态度好坏是企业办公室主任的管理范围，厂长的任务则是制定企业的经营战略和生产规划，他管理的人员应是各车间及职能科室的负责人。

作为老板，管得过多过细往往会打破正常的管理秩序，使管理处于紊乱状态，影响企业的效益。对于下属来说，一会儿老板说个东，一会儿主任道个西，前后指令不统一，令出多门，交叉重复，会令他们无所适从。管理应具有层次，而企业领导在管理中应体现出这种层次，避免“越俎代庖”的现象发生。

聪明人喜欢自己思考，独立行事，只有懒虫、愚蠢的人才会事无巨细地完全受命于人。如果企业的老板越权指挥，包办一切，什么都不放心，从企业的经营策略到车间的生产计划，再到窗户擦得是否干净，他全管，这就恰好适应了那些懒虫的心理习惯：他们不愿动脑，不愿思考，只需伸手，便可完成工作了，出了问题也不承担责任。而此时正好有老板事事包揽，谁不喜欢这样的“好”老板？

美国有个叫汉斯的企业家在发展到几家大百货商场后，依旧采用小店

铺的老板作风，对企业的上上下下，关切个彻透：哪个管理者做什么，该怎么做；哪个下属做什么，该怎么做，他都布置得精微妥帖。而当他出外度假时，才出门一周，反映企业问题的信件和电话就源源不断，而且净是些企业内部的琐碎小事。这使得汉斯不得不提前结束原准备休一个月的假期，回企业处理那些琐碎的问题。

假如汉斯在企业管理中做到层次分明、职责清晰，怎么会度不成一个安稳的假期呢？究其原因，在于他的管理有问题，滋养了部下和下属们的惰性，造成了事无大小全凭指挥的缺乏思考和创造性的局面，以至于离了他，企业便无法正常运转。就管理成效而言，这是一种十分糟糕的情况。

企业老板全面管理、包办一切的另外一个害处，是不利于调动部下和下属的积极性与创造性，不能尽人才之用。创造性只有在不断的实践中才能体现出来，而越权指挥的领导恰好就截断了通向创造性的通道，使下属和部下的行为完全听从于个人的命令和指挥。长此下来，会使他们认为想也是白想，老板一切都安排好了，即使有再新再好的创意也难见天日。个人的创造性不能在企业创业的过程中得以体现，人也就没什么积极性可言，慢慢地人就变成机器一样，出了问题，出了毛病，便停止工作，只有等老板赶来修好，才能继续运转，没有一点的能动性。对于那些有才华、有能力的部下或下属，他们会比普通人更加迫切地希望体现自己的价值，而工作中却处处都得不到体现，在这种情况下，难免会有一种压抑感，积得久了，就会递个辞呈走人，这是可以意料的事。

给下属们以相当程度的自主性，并不意味着高层领导对管理人员的纰漏、下属的错误等等就应该不管不问，听之任之。问题是要采取对路的管理方法，管教合适的对象，如果在十分紧急的情况下，把越权指挥当做临时的应急措施也未尝不可，但事后一定要马上向分工管理那件事的部下通报情况，以免造成管理上的紊乱。

在管理中，老板要和部下、下属打成一片，但在涉及具体的权利和职责，或处理企业内部中的种种问题时，老板就必须注意管理的层次，切忌越权指挥，对一个现代化的企业，企业领导更不宜全方位插手大大小小的事务。

明白谁是可以授权的下属

什么样的下属和下属是管理者可以放心授权的呢？

1．忠实执行上司命令的人

领导下达的命令，无论如何也得全力以赴、忠实执行。这是下属必须严守的第一大原则。如果下属的意见与其上级意见有出入，当然可以陈述他的意见。陈述之后，上司仍然不接受，就要服从上司的意见。有些下属在自己的意见不被采纳时，就抱着自暴自弃的态度去做事，这样的人没有资格成为上司的辅佐人。

2．知道自己权限的人

下属必须认清什么事在自己的权限之内，什么事自己无权决定，绝不能混淆这种界限。如果发生某种问题，而且又是自己权限之外的事，就不能拖拖拉拉，而应该即刻向上司请示。如果越过顶头上司与上级领导直接交涉、协调，等于把上司架空，也破坏了命令系统，应该列为禁忌。非要越级与上级联络、协调的时候，原则上，也要先跟顶头上司打个招呼，获得认可。

3．勇于承担责任的人

有些下属在自己负责的工作发生错误或偏差的时候，总是举出一大堆理由，这种将责任推卸得一干二净的人，实在不能信任。主管者负责的工作，可以说是由上司赋予全责，不管原因何在，主管者必须为错误负起全责。他顶多只能对上司说一声："是我领导不力，督促不够。"如果上司问起错误的原因，必须据实说明，千万不能有任何辩解的意味。一个主管者必须有"功归部属、失败由我负全责"的胸怀和度量。

4．不是事事请示的人

遇到稍有例外的事，部属稍有过失或者旁人看来极琐碎的事，也都一一搬到上司面前去请示，这样的下属，令人不禁要问：他这个管理者是怎么当的?

下属对管理者不该有依赖心理。事事请求不但增加了管理者的负担，而且下属本身也很难“成长”。应该让下属拥有执行工作所需要的权限。他必须在不逾越权限的情况下，凭自己的判断把份内的事处理得干净利落，这才是领导期待的好下属。

总部设在密歇根州的多米诺必胜客连锁店，十分看重那些胸怀企业宗旨、敢于独立行事的下属。企业配送中心的一名清洁工，在下班之后忽然接到一个电话，原来是几百英里外的一家分店打来的紧急电话，他们那里用于制作比萨饼的配料胡椒粉快用完了，请求中心送货。虽然已经下班了，但这名清洁工搁下电话，扛起一箱胡椒粉，抓过钥匙，直奔送货车。他及时把货送到那里，保证了那家分店供给顾客的是“货真价实”的比萨饼。企业需要的正是这样的下属。

5. 提供情报给上司的人

下属在与外界人士接触的过程中，经常会得到各种各样的情报，这些情报，有些是对企业有益或是值得参考的，下属必须把这些情报谨记在心，事后把它们提供给管理者。

向管理者做某种说明或报告的时候，有些下属习惯于把它说得有利。如此一来，极易让管理者出现判断偏差。下属在说明与报告时必须遵守如下原则：不可偏于一方，从大局出发，扼要陈述。

群策群力方案是通用电气企业为激发下属活力所采取的一整套方案中的一个重要一环，它使下属的建议得到重视，得以实施。企业设在肯塔基州路易斯维尔的设备分厂，工作环境一度很差，又潮湿又闷热。为了使上级了解到这里的情况，有一名下属想出一个好主意，他请上司杰夫·斯沃鲍德在35℃~36℃高温下的停车场听取工作汇报。曝晒在烈日下的斯沃鲍德马上就明白了下属们的用意。他迅速同意在厂房里进行通风改造，并安装了更多的风扇。

6. 上司不在时能负起留守之责的人

有些下属在上司不在的时候，总是精神松懈，忘了自己应尽的责任。例如，下班铃一响就赶着回家，办公时间内借故外出，长时间不回。按理儿，上司不在，主管就该负起留守的责任。上司回来后，就向他报告他不在时发生的事以及处理的经过。如果有代上司行使职权的事，就应该将它记录下来，事后做出详尽的报告。

7. 能够随时回答上司提问的人

当上司问及工作的方式、进行状况或是今后的预测，或有关的数字时，必须能够当场回答。

好多主管被问到这些问题的时候，还得向部下探问才能回答，这样的主管，不但无法管理部属与工作，也难以成为管理者的辅佐人。主管必须随时掌握职责范围内的全盘工作，在领导提到有关问题的时候，都能立刻回答才行。

某家软件开发商，坐落在加州洛斯加托斯市。每年，企业的下属都要与顶头上司的上司进行一次越级对话。下属常常被问及诸如他们过得怎么样，工作的进展情况等问题。按照董事长拉西·爱德华兹的说法："这样做就给了全体职员一个正当的机会来讨论问题，也使他们借此机会了解一下在企业内部做其他工作的可能性。"

8. 致力于消除上司误解的人

管理者并非圣贤，也会犯错误或是发生误解。管理者的误解往往波及部下晋升、加薪等问题。碰到这种情况的时候，下属千万不能一句"没办法"就放弃了事，而是必须竭力消除上司的这种误解。

9. 向上司提出问题的人

高层管理者由于事务繁忙，平时很难直接掌握各种细节问题，能够确实掌握问题的人，非中下级主管莫属。因此，主管必须向上司提出所辖部门的目前的问题，以及将来必然面临的问题，同时一并提出对策，供上司参考。

授权时要遵守的六原则

授权要符合管理活动的规律，要有利于实行有效的统帅与指挥。

1. 合理授权原则

我国春秋初期杰出的政治家管仲在《七法》中讲过：“重在下，则令不行”。说的就是下级的权力过大，超越了合理的范围，国家的政策法令就不能顺利地贯彻执行。

战国末期杰出思想家韩非在《孤愤》中也论述过：“万乘之患，大臣太重；千乘之患，左右太信。”这话的意思是说，无论大国小国，祸患都在于君主过分宠信左右臣子，让他们拥权过重。

历史上有许多例子说明不合理的向下授权，会造成严重的后果。法国国王路易十四，晚年宠信“外表文静、内心暴戾”的神父勒泰利埃，竟使他滥用权力，大肆迫害反对他的教徒，监狱里关满了无辜的平民。我国明朝皇帝熹宗朱由检，昏庸无道，对宠臣魏忠贤授予不合理的权限，不管魏忠贤启奏何事，他都是一句话：“你看着办吧，怎么办都行。”结果，促使魏忠贤胆大妄为，敢遍设特务组织锦衣卫，肆无忌惮地杀戮重臣名将。

以上这些都是授权不合理的典型，是值得借鉴的。在现代企业里，也有这种授权不合理的表现。用人偏听偏信，放权不当，管理者授权超出了合理的范围，其结果是促成大权旁落，出现难以收拾的局面，使企业管理者的活动受到干扰，领导工作计划遭到破坏，影响企业的经营成果，任务、目标不能达成。

事实证明，管理者放权不是放任，放任就要坏事，该放多少权，就放多少权，要放得适当。管理者在授权过程中，切忌大撒手，那样会把事情搞糟的。

2. 以信任为原则

信任是授权、用权的关键。管理者授权有没有效，在很大程度上取决于此。放碗不放筷，想放又不敢放，放后又干涉，放了又收，收了又放，犹犹豫豫、反反复复，这些都是不信任的表现。领导不信任的授权，等于没授权。坚持信任原则，领导就要彻底放权，真正做到“将在外，君命有所不授”，放手让下属去干。

日本著名企业家土光敏夫曾经讲过这样的话：“目标与方针一旦确定下来，至于完成任务的方法，就应放手让他去做，去决定。”

香港光大实业集团，总经理下设许多“项目经理”，他们在职权范围内自主处理问题。有一次，中国远洋集团为加收一笔3万美元的运输费，打电话找到北京光大集团的一位“项目经理”，这位年轻经理当即拍板同意。远洋集团的人听了大吃一惊，一再问是不是要请示一下总经理，得到的回答是：“在我职权范围内的生意，我说了算。”结果，这件事很快办成了。

3．量力授权原则

领导向下属授权，应当视自己的权力范围和下属的承受力而定，既不可超越自己的权力范围，又不能不顾及被授权者的承受能力。领导授予的权力，一不要超负荷，不能使下属承担不了，硬给他们一些不适度的权力；二不要授权不足，不充分授权，这样，会影响被授权者能力的发挥。量力授权原则，适合于各级管理者的授权，也是授权的一项基本原则。

从实际上来看，量力授权是授权过程中最难做的事。到底授多少，这是一种艺术，也是一门科学。做到了量力授权，便是做到了授权中的“理”。

4．带责授权原则

领导授权并非卸责。权力下授，并未减轻管理者的责任。管理者授权给下属，还要把责任留给自己，这也是授权的一项基本原则。

领导在向下授权的同时，也必须明确被授权者的责任，将权力与责任一并赋予对方。这种授权方式不仅可以有力地保证被授权者积极去完成所承担的任务，而且可以堵住上下推卸责任的漏洞，使被授权者不至于争功诿过，而会忠于职守，努力工作，发挥自己的主动性和创造性。而且，这种带责授权的方法，体现了责权一致的精神。

带责授权中的责任，包括两个方面：一个是被授权者在行使权力的过程中应遵守什么，这是一种责任；另一个是对活动的结果又应负有什么责任。对于这两个方面，领导在授权时都要做出明确的规定，要讲得清清楚楚。这既是责任范围，也是权力范围。只有规定清楚，才能便于执行。

5. 授中有控原则

领导授权，不是把权力放下去以后就撒手不管了，授权之后必有的一步便是控制。授权要有某种可控程度，不具可控性的授权，就不是授权，而是领导弃权。

所谓可控授权原则就是授权者应该而且能够有效地对被授权者实施指导、检查和监督。领导不能把所有的权力都下放，应该掌握一部分权力，例如重要部门的人事任免权以及需要直接处理的下属之间的发生问题的协调权、事关前途命运的一些大事、要事的决定权等等，这些权力自然要管理者亲自掌握，管理者要真正做到权力能放、能控、也能收。

授权之后，管理者的具体事务减少了，但管理者指导、监督、检查的职能却相对增加了。管理者的这种指导、监督和检查并不是干预，而是一种把握方向的行为。

松下幸之助讲，真正的“将在外，君不御”也是一种控制，因为“君不御”是有条件的，即“坚持经营方针，有使命感”。“坚持经营方针”实际上等于管理者牢牢地掌握总目标，被授权者在行动上并没有出现偏差、矛盾和问题。“有使命感”说明被授权者能够自觉地以高负责的精神把工作做好。

6. 宽容失败原则

真正的授权是以管理者宽容下属的失败为前提的。国内外成功的管理者，总是这样教导下属：“别怕什么失败，充分行使你的职权吧，全部责任由我来负！”在他们看来，办什么事情，失败的可能性都是经常存在的。怕失败，就不能坚持，这就注定要失败，所以必须宽容失败。

在这里管理者还应分清宽容和迁就这两个不同的概念，领导要求有宽容的态度，绝不是无理的迁就。宽容是领导的气度；而迁就则属于不讲原则、降低标准，这两者是不能混为一谈的。

当然，以上是领导授权过程中要遵循的基本原则，这并不是要求管理者必须按以上原则办事，具体情况具体分析，管理者要灵活地把握情况，确定该如何授权，这是一门可以让管理者受益一生的艺术。

管理者要知道的七种授权法

1. 目标授权法

这是管理者根据下属所要达到的目标而授予下属权力的一种方法。领导授权的目的，是通过授权激励下级去实现组织的目标。任何组织都有自己的发展目标，这些目标的实现绝不是管理者个人所能完成的。管理者只有将组织的总目标进行必要的分解，由组织内部的各个管理层次及部门的所属成员各分担一部分，并相应地赋予他们一定的责任和权力，才能使下属齐心协力，共同奋斗，努力实现组织的总目标。管理者如果按照组织目标进行授权，那就可以避免授权的盲目性和授权失当的现象发生。

2. 充分授权法

管理者在充分授权时，应允许下级决定行动的方案，并将完成任务所必需的人、财、物等权力完全交给下属，并且准许他们自己创造条件，克服困难，完成任务。充分授权能极大地发挥下属的积极性、主动性和创造性，并能减轻主管不必要的工作负担。因此，凡能充分授权的管理者应尽量采用这种方法。

这种授权法，既适用于工作重要性比较低，而且工作完成与否不会导致全盘工作失败的单位，也适用于系统管理水平较高，各子系统协调配合等诸种情况较好的单位。

代尔科·雷米工厂是通用汽车企业设在佐治亚州菲茨杰拉德的分厂。这家分厂运作得十分成功，这里的下属享有充分的自主权来完成工作任务，这些自主权具体包括：负责安全生产和质量管理，保养机器、并对小故障进行维修，对自己的工作时间进行记录，负责车间内的一切清理工作，参加有偿培训课程等。

3. 不充分授权法

凡是在具体工作不符合充分授权的条件下，管理者应采用不充分授权的方法。在实行不充分授权时，管理者应当要求下属就重要性程度较高的工作，在进行深人细致的调查研究的基础上，提出解决问题的全部可能的方案，或提出一整套完整的行动计划，经过上级领导的选择审核后，批准执行这种方案，并将执行中的部分权力授予下属。

采用不充分授权时，上级领导和下属双方应当在方案执行之前，就有关事项达成明确的规定，以此统一认识，保证授权的有效性。

4. 弹性授权法

管理者面对复杂的工作任务或对下属的能力、水平无充分把握，或环境条件多变时，宜采用弹性授权法。在运用这种方法时，管理者要掌握授权的范围和时间，并依据实际需要对授给下属的权力予以变动。例如，实行单项授权，即把解决某一特定问题的权力授予某人，随着问题的解决，权力即予以收回。或者实行定时授权，即在一定时期内将权力授给某人，到期后，权力即刻收回。

为避免引起下级误解，实行弹性授权，改变授权方式时，管理者应当对下属做出合理的解释，以取得下级的理解。

5. 制约授权法

管理者管理幅度大，任务繁重，无足够的精力实施充分授权，即可采用制约授权的方法。制约授权是在领导授权之后，下属个人之间或组织之间的相互制约的一种授权方式。它是管理者将某项任务的职权，分解成两个或若干部分并分别授权，使它们之间产生相互制约、互相钳制的作用，以有效地防止工作中出现疏漏。

6. 逐渐授权法

管理者要做到适当授权，就要在授权前对下级进行严格考核，全面了解下级成员的德才情况。但是当管理者对下属的能力、特点等不完全了解，或者对完成某项工作所需的权力无先例可参考时，就应采取见机行事、逐步授权的方法。如先用“助理”、“代理”职务等非授权形式，试用一段时间，以便对下级继续深入考察。当下属适合授权的条件时，管理者才授予他们必要的权力。这种稳妥的授权方法，并非要权责脱节，而最终是要使两者相吻合。

7. 引导授权法

管理者在给下属授权时，不仅要充分肯定下属行使权力的优点或长处，以充分激发其积极性，而且也要指出他的缺点或问题，希望他在工作中克服和避免。同时还要进行适当的引导，防止偏离领导工作目标，但这却不是横加干涉，而是支持下级工作，帮助解决问题。特别是在下属发生工作失误时，管理者更应当善于引导，帮助纠正失误，绝不能施加压力，或恶意苛求。当然，管理者发现下属确实不能履行权力时，就要采取果断措施，或收回权力，或派人接管，以免遭受更大的损失。

授权应具体而且正式

关于成功授权有一个不变的主题：先计划好时间，以免将来浪费时间。或者说是：管理者与其以后不断抱怨，不如现在将它们解释清楚。授权会议是体现这些警示最佳的方式。

有些管理者在准备授权时，有很好的意向和构思严密的计划。他们对工作进行分析，挑选出正确的任务进行授权，制定非常实际的工作目标，并将这些目标分配给合适的下属。但是，这些很好的准备工作却被后来的行为破坏殆尽。原本与下属一起花上足够的时间开一个授权会议是十分关键的，但有些管理者却草草说几句，下属们糊里糊涂，不知道自己该干什么。授权的前期准备工作做得很到位，但却由于对授权的正式性、严肃性不够重视而前功尽弃。

第一，不要急急忙忙地授权。走廊上漫不经心的讨论和嘈杂的会议室不是一个足以传递授权重要任务的场所。应该安排充足的时间来安排授权，理想的选择是在办公室认认真真地举行一个授权会议。讨论和提问时间要充分。有时一个重要的授权会议可能需要1小时，就是分配一个简单的任务，也要10分钟，不要想当然地认为，下属能很容易地领会，管理者应该向他们解释清楚。如果因为没有传递充分的信息而使下属没能很好地完成任务，那么责任在管理者。所以，授权必须是一件很严肃的事，应该谨慎对待。

第二，授权的第一步就是计划授权会议。必须在授权会议开始前认真考虑整个授权过程。也要清楚了解：如果下属被授权从事这份工作，他们需要得到什么支持、资源甚至权力，同时应预测下属们会遇到什么样的问题和困难。一旦准备召开授权会议，请参考以下所列的5个步骤。

第三，表明目标。清楚地向被授权下属表达管理者要求达到的目标，只有在有清晰的目标时才开始行动，当管理者明确这些目标后，将它们写下来。用最多的20个字将项目目标陈述清楚，包括可衡量的成绩标准。如果觉得写不下来，就重新分析这个授权，将它最小化和具体化。定期地让自己和下属反复重温这些目标。如果它是一个很小的任务，简单复查一两次就足够了。但一个为期6个月的项目可能会需要每个月都进行复查，以确保这些目标仍然可行。复查这些目标可以避免工作中产生的困惑。不要过分强调遵循固定的工作方法，这样将给下属们太多限制，并会削弱授权的影响力。用不着教他人怎样做事情，只教他们去做什么。而他们将用创造力来给你惊喜。管理者所表明的目标是双方对一个客观成绩的认同。

下面是两种不同的授权方式，可以看出两者的差异：

第一种方式："罗斯，将这些人事调整报告以公函形式复印500份，发给各店铺领导。马上就给我去干。"

第二种方式："罗斯，单位的销售网络包括500个店铺，而我想尽快地通知各店铺领导有关单位的人事调整情况。我希望你能够处理这项工作，你能不能考虑一下，并且在半个小时之后和我进行讨论？"

罗斯可能会让你大吃一惊。她可能会建议你同时把即将复印的单位新闻通报备忘录也发给领导们；或者她会认为惟一可行的方式是发给领导们500份表格式信件：可能她不知道该如何完成这个任务。很好！你现在有机会教她两件事：第一，给500个人传递信息，有很多种不同的方法；第二，你在授权她去做这份工作时会不断需要她的主意和帮助。

第四，设定时间表。如果被授权下属认为无法按期完成任务，在允许的情况下，管理者应和他一起制定出更可行的时间表。允许下属制定他们自己的时间表比他们被动授权要好。如果被授权的人能够自行决定任务的时间安排，将使他们对面临的任务有更强的使命感。

但是，情况有时候确实需要管理者来制定完成时限。要确保被授权下属明白该项工作中有哪些任务应该优先处理，也要让他们明白不是管理者授权的每一件工作都必须优先处理。当然，明确时限是必要的，要避免像"任何时候你完成都行"和"那就下个月的某个时候吧"之类的表述。一定要建立一些汇报程序，以使管理者能够监督工作进程。此外，还要建立必要的复查机制，这样做可以给被授权者一个关注日程中其他任务的机会。对于一个简单的任务，一两次复查就足够了。复杂任务则要求举行有具体议程的例会，以及制定整体任务进程中各分步的时限。告诉被授权者，如果没有充分的理由，所有的检查时间和最后完成时间是不能变更的。

第五，分配必要的权力。无论管理者何时分配工作，都应该给下属执行工作的足够权力，应让每一个被授权下属了解管理者赋予了他权力，尽可能将下属介绍给与任务相关的人士，包括上司、同事和支持人员。应明确被授权下属现在有足够的权力来完成这项任务，并且让他知道管理者期待他能够解决工作中的所有困难。

第六，明确责任分担。将一项任务完整地授权能够提高被授权者的兴趣和成就感。在每个授权中让自己对下属们充满信心。如果对某个下属没信心就不应该授权给他。明确被授权者对任务所负的责任有助于两件事：一是让下属知道这已经是他们自己的事了，他们须对工作结果负责；二是给他们的工作形成了一种正面的压力和动力。

因此，授权时管理者应强调被授权下属可自由地作出与工作相关的决定。

第七，授权任务必须被彻底接受。被授权下属必须明确承诺接受分配的任务并将为之努力，管理者需要的不是被强加的接受。管理者同时需要他们对所设目标和完成时限的接受。或许最好与被授权者一起将目标和时限记下来存档。

当浏览了一个授权会议中所需要做的一切之后，会明白为什么人们要花时间来认真面对它。当授权完毕，应该确信，被授权下属应明白以下几点：

（1）任务目标；

（2）完成时限；

（3）实施任务的权力；

（4）所负的责任；

（5）任务结果的验收方法。

管理者如果只是很随便地授权或布置一项任务，就等于告诉被授权者这项任务不是那么重要，即便事实上很重要。相反，如果认真严肃地举行了一个授权会议，就给下属们传递了一个信息：这项任务对我们很重要。被授权者因此可能会给于肯定的反馈，并且认真负责地来完成它。

对于小事不妨装糊涂

毛泽东经常喜欢引用的一句古诗是“诸葛亮一生惟谨慎，吕端大事不糊涂”。读历史的人都知道，吕端小事是糊涂的，但这并不妨碍他大事清楚。吕端算得上是一个有大智慧的人，有志投身管理的人，不妨学学他。

千万不能学时下的一些经理们。因为他们似乎患了一种综合症，他们都存在一种不安全感，对任何事情都想弄个一清二楚，他们浪费许多时间去调查每个下属在做什么，怀疑是否有人效率低下，是否有人工作失误，他们担心没有自己的过问和参与，下属就无法将事情做好，他们完全沉溺于一些日常琐事之中，他们似乎应了一句古话：只见树木，不见森林。这是许多人根深蒂固的弱点，他们希望第一个知道下属出现的错误，也希望下属第一个告诉自己，他们喜欢看那些长篇大论式的报告、大堆的资料和分析，他们可能每五分钟就要接一个电话，当他们越来越多地获取这些无用的信息时，便创造了一种没有必要的忙碌情景。

他们认为信息就是力量，这些深感不安的经理们往往以为他们获得了更多的信息，就可以变得更加有力。作为老板，如果你真正将某一工作委托给下属去做，你应该相信他们能够获得充分的有效信息，并且能够有效地完成工作。一旦你自己亲自去掌握信息，自己做出决定，那么你实际上就是解除了对下属的委托。

作为老板，你应该掌握充分信息，以便让自己做出合理有效的决定，同时能够监督了解下属所进行的一切，还能够为自己的上司提供所需的信息。当你决定废除等级制度时，你必须注重常规监督方面的信息。很自然地，你会对下属所做的事情充满兴趣，并且要求他们按规定写出进展报告，这种报告可以是按日、周、月，具体根据经营业务来定。应该强调的一点是，常规报告中所提供的信息应该专门针对部门的整体目标，其他所有信息可以不必考虑。诚实而论，难道你真的需要那些假日计划、缺勤统计、每台机器工作的详细情况吗？你真的需要知道谁参加了会议，会上讨论了一些什么吗？你真的必须知道他们工作中的每天、每一分钟都在干些什么吗？

所有这些都应建立在高度信任的基础上。你必须信任下属，保证他们会将一些重要的问题随时告知你。作为老板，忽略掉某些工作确实对自己和下属都十分有利。但对于那些重要的工作，你必须亲自去做，如会见顾客，与下属一起谈论昨晚的电视，考虑部门的长期发展规划，与部门的其他同事保持良好的关系，进行培训等。与之相反，对于有些事情，你完全可以不去过问，你可以委托下属单独去做，让他们向你汇报一下结果即可。你不用考虑下属每天在如何完成他们的工作，而只需看看他们每天做了些什么。也就是说，对于工作中一些无关紧要或者一些细小的事情，你应该学会有效地忽略，让下属自己去处理和面对。

有效忽略，就是让下属自己去完成他们的工作，而不要过多进行干涉，相信他们如果出现错误或者想做出工作改进之时，会主动与你联系，和你讨论问题的解决办法，请求得到你的支持。学会有效忽略，还有一个好处就是你可以早点回家，见到更多的家人，拥有更多的时间去锻炼，你可以因此而放松，提高自己的工作效率。你确实可以值得一试，你会发现，即使你对所发生的事情一无所知，你的部门也不会因为你的忽略而大乱和消失。事实上，如果没有你不时找下属去了解一些无用的信息，他们会一切正常，而且可能干得更好。

作为老板，应时时注意那些重要的东西，对于一些小事或事情的细枝末节，不妨装装糊涂。

第5章

建设团队，要群策群力

想要在企业内取得成就，个人的价值观必须与企业的价值观能够兼容。

在不同的岗位上考察下属

能干的人往往背叛你；忠实的人又不能很快带来利润，每位领导都必须在这二者中作出选择！

一个成功的企业，往往都是要有几个精英的。面对一个个资本家的神话，老板们更是不遗余力地招来最好的工程师、会计师、销售主管。可往往都是好景不长，他们有可能炒了老板，甚至成了老板的老板。

一个成功的企业，往往也都是要有几个忠实者的。可太多的实践已证明：忠实的人可以放心地帮助你守住钱袋，却没办法将你的钱袋迅速装满。

用人之道，最佳的选择当然是要找那些既忠实于你而又富有能力的人。可事实上是：这种人少之甚少，难于寻觅。

最可行而又最贴近实际的办法是：按照人员的不同使用目的（岗位）而有所侧重的加以取舍。某些岗位必须依赖于下属的创造力，能力则当居首位；而某些岗位则必须要求绝对忠诚，能力则可退其次。

必须要求忠诚的岗位：

（1）会计

（2）出纳

（3）财产保管员

（4）保安人员

必须看重能力的岗位：

（1）营销人员

（2）采购人员

（3）公关企划人员

（4）产品开发人员

用人原则上，我们强调在忠诚与能力二者中择其一，同时也并不彼此

排斥。一个很鲜明的例子：出纳人员要经手企业的大部分资金往来项目，不忠实于领导就会出大问题，忠诚当为首选条件。而同时必要的能力也是需要的。

可问题常常存在于缺乏客观的衡量标准来判别人员的忠诚与能力。忠诚与能力本身都是很抽象的东西，领导常常凭借个人的直觉加以判断，其结果往往与实际相去甚远。

较为理想的办法是：用相应的条件约束住下属，使之形式上是有能力或是忠诚的。换言之，在这种约束条件下，下属都会是忠诚的或有能力的。

工资是下属衡量价值的尺度

虽然现在的下属已经由“经济人”向“社会人”转变，但是经济仍然是下属生存的基础，工资是下属衡量自己价值的尺度。领导必须在工资上为下属考虑：

首先，为下属提供有竞争力的薪酬，使他们一进门便珍惜这份工作，竭尽全力，把自己的本领都使出来。支付最高工资的企业最能吸引并且留住人才，尤其是那些出类拔萃的下属。这对于行业内的领先企业，尤其必要。较高的报酬会带来更高的满意度，与之而来的还有较低的离职率。一个结构合理、管理良好的绩效付酬制度，应能留住优秀的下属，淘汰表现较差的下属。

其次，把收入和技能挂钩。建立个人技能评估制度，以雇员的能力为基础确定其薪水，工资标准由技能最低直到最高划分出不同级别。基于技能的制度能在调换岗位和引入新技术方面带来较大的灵活性，当下属证明自己能够胜任更高一级工作时，他们所获的报酬也会顺理成章地提高。此外，基于技能的薪资制度还改变了管理的导向，实行按技能付酬后，管理的重点变为指派任务使其与岗位级别一致。

第三，增强沟通交流。现在许多企业采用秘密工资制，提薪或奖金发放不公开，使得下属很难判断在报酬与绩效之间是否存在着联系。人们既看不到别人的报酬，也不了解自己对企业的贡献价值的倾向，这样自然会削弱制度的激励和满足功能，一种封闭式制度会伤害人们平等的感觉。而平等，是实现报酬制度满足与激励机制的重要原因之一。

第四，让下属参与报酬制度的设计与管理。与没有下属参加的绩效付酬制度相比，让下属参与报酬制度的设计与管理常令人满意且能长期有效。下属对报酬制度设计与管理更多的参与，无疑有助于一个更适合下属的需要和更符合实际的报酬制度的形成。

营造一种良好的工作环境

能否留住人才是一个企业成败的关键，而良好的工作环境是留住人才的关键。

这里所说的“工作环境”，是“硬件”和“软件”两个方面的综合。“硬件”包括物质报酬、办公设施等，惠普的观点是，良好的办公环境一方面能提高工作效率，另一方面能确保下属们的健康，使他们即使在较大压力下也能保持健康平衡。

惠普作为全球著名企业，一直以来都在倡导“以人为本”的办公设计理念，对办公桌、办公椅是否符合“人性化”和“健康”原则进行严格核查。惠普在每天上下午设立专门的休息时间，下属可以放轻松音乐来调节身心，或者利用健身房或按摩椅“释放自己”。

相对“硬件”而言，惠普更重视“软件环境"的建设。作为一家顶级的跨国企业，惠普有着悠久、成熟的企业文化。

惠普的领导遵奉这样一个原则：“相信任何人都会追求完美和创造性，只要给予适合的环境，他们一定能成功”。

本着这个信念，惠普着力营造轻松和谐的工作氛围，充分信任和尊重下属，让他们时刻保持良好的情绪，充分发挥才能和想像力。人力资源部在这方面起了很大作用，不但注意协调企业内部的人际关系，还专门开设了各种各样的课程，免费为下属进行培训。

领导要想下属为企业更好地工作，就必须为下属设计良好的环境，让下属处在这样的环境中，身心都能够得到放松，以发挥自己最大的潜能。

重视团队建设时常做一下下属满意度调查。

领导必须经常进行下属满意度调查，下属满意度调查是一种科学的管理工具，它通常以调查问卷等形式，收集下属对企业各个方面的满意程度。一个成功的下属满意度调查通常有如下几个功能：

一是通过“下属满意度调查”这个行为，企业表示对下属的重视；

二是搭建一个新的沟通平台，为更多真实的信息铺设一个反馈的渠道；

三是系统、有重点地了解下属对企业各个方面的满意程度和意见；

四是明确企业最需要解决的相关问题即管理的重点。

企业在知道下属满意度调查的诸多功能后，常常抱着非常高的期望在企业中开展“下属满意度”调查，然而事实的结果却常常事与愿违，出现了很多难以预料的情况。

那么到底出现了什么问题呢？又是什么原因造成了这种问题的呢？

首先是面对大量的数据不知所措。领导常常收上来反映下属满意度厚厚一摞问卷，但企业面对这些繁多的数据陷入了尴尬。如果对这些数据不处理或是简单处理，就失去了下属满意度调查的真实作用，不如找几个下属推心置腹地谈谈话；但是如果处理，光录入就可能让领导忙得焦头烂额，录入后又将如何进行统计和分析又给领导出了个难题。

其次是看着失真的信息百思不解。当问卷收上来后，人力资源部门的人员常常会惊奇地发现，收上来的下属满意度调查的数据和现实状况差距很大，比如说一个下属明明常常抱怨企业的加班制度，但是在问卷中他却填写非常满意。企业进行下属满意度调查的初衷就是想通过这种方法，弥补日常沟通时的不足，得到更多下属没有说出但最最想说的话。但是看着很多失真的信息，常常是让企业领导和人力资源部门工作人员很泄气。

因此，对于领导来说，进行下属满意度调查首先就应该确定调查的可行性。

合理授权，满足下属的归属感

合理授权，有利于调动下属在管理者工作中的积极性、主动性和创造性，激发下属的工作情绪，增长才干，培养人才，使上级管理者的思想意图为群体成员所接受。

合理授权，有利于调动下属在工作中的积极性、主动性和创造性，激发下属的工作热情。

北欧航空公司董事长卡尔松大刀阔斧地改革北欧航空系统的陈规陋习，就是依靠合理的授权，给部下充分的信任和活动自由而进行的。开始时，他目标定为把北欧航空公司变成欧洲最准时的航空公司。但他想不出该怎么下手。卡尔松到处寻找，看到底由哪些人来负责处理此事，最后他终于找到了合适的人选。于是卡尔松去拜访他：“我们怎样才能成为欧洲最准时的航空公司？你能不能替我找到答案？过几个星期来见我，看看我们能不能达到这个目标。”几个星期后，他约见卡尔松。卡尔松问他：“怎么样？可不可以做到？”

他回答：“可以，不过大概要花6个月，还可能花掉160万美元。”

卡尔松插嘴说：“太好了，说下去。”因为他本来估计要花5倍多的代价。

那人吓了一跳，继续说：“等一下，我带了人来，准备向你汇报，我们可以告诉你到底我们想怎么干。”大约4个半月后，那人请卡尔松看他几个月来的成绩。当然已使北欧航空企业成为欧洲第一。但这还不是他请卡尔松来的惟一原因，更重要的是他还省下了50万美元。

卡尔松事后说：“如果我先是对他说：‘好，现在交给你一项任务，我要你使我们企业成为欧洲最准时的航空企业，现在我给你200万美元，你要这么这么做。’结果怎样，你们一定也可以预想到。他一定会在6个月以后回来对我说：‘我们已经照你所说的做了，而且也有了一定进展，不过离目标还有一段距离，也许还需花90天左右才能做好，而且仍要100万美元经费。’可是这一次这种拖拖拉拉的事却不曾发生。他要这个数目，我就照他要的给，他顺顺利利地就把工作做完了，也办好了。”

可见，合理的授权的重要程度有多大。

不愿授权和不会授权的管理者，将给自己积聚愈来愈多的决策事务，使自己在日常琐碎的工作细节中越陷越深，甚至成为碌碌无为的“事务主义”者。由于个人的时间和精力有限，这种管理者最后不得不“分给别人一点”。到此地步，有些事已一拖再拖，另一些事可能根本无暇顾及，导致许多需要管理者处理的大事却搁在一边。另外，下级的积极性也受到压抑，工作失去了兴趣和主动性。所以，作为管理者，贵在学会科学地授权。通过合理授权，使管理者重在管理，而非从事具体事务；重在战略，而非战术；重在统帅，而非用兵。通过“分身之术”，有利于管理者议大事、抓大事，居高临下，把握全局。合理的授权有以下两点作用：

1．满足下级的自我归属感

合理授权，有利于调动下属在管理者工作中的积极性、主动性和创造性，激发下属的工作情绪，增长才干，培养人才，使上级管理者的思想意图为群体成员所接受。所有成功的管理者都要创造一种氛围，这种氛围能使下属在理性上和情感上都融入工作。授权是促使这种加入的一个战略方法。善于授权的管理者能够创造一种“管理者气候”，使下属在此“气候”中自愿从事富有挑战意义的工作。这些成功的管理者是通过信任下级，给下属提供充分加入有意义工作的机会，来刺激下属的工作意识。管理者对下属的看法要积极，要有“多给他们一点”的态度，激发下属产生“核聚变”：挖掘潜力，让众多大脑都开动起来，充分发挥下属的技能和才干。管理者若不授权于下属，那他不但无法充分利用下属的专长，而且无法发现下属的真才实学。因此，授权可以发现人才，利用人才，锻炼人才，使管理者的工作出现一个朝气蓬勃、生龙活虎的局面。

2．调动下属积极性的需要

管理者合理授权，有助于锻炼和提高下级的才干，提高管理者体系的总体水平，从而提高管理者效率。管理者的合理授权使下属获得了实践机会和提高的条件。随着下属在实践中学得更多的真知，管理者可根据工作

的需要授予他们更多的权力和责任。应该说，管理者要属下担当一定的职责，就要授予相应的权力。

敢不敢授权，是衡量一个管理者用人艺术高低的重要标志。如果管理者对部下不放权，或放权之后又常常横加干预、指手画脚，必然造成管理混乱。另一方面部下因未获得必要信任，也会失去积极性。而合理的授权则有利于增强部下的积极性和创造性。

重视团队建设

随着社会分工越来越细化，个人单打独斗的时代已经结束。团队合作提到了管理的前台，团队作为一种先进的组织形态，越来越引起企业的重视，许多企业已经从理念、方法等管理层面进行团队建设。以下几种情况的出现在团队建设中发出了隐密的危险信号，容易蒙蔽团队领导的眼睛，如果不引起管理层的重视，团队建设将会前功尽弃。

因此，领导对下属进行管理必须重视团队建设。团队建设需要领导从三个方面努力：

一是提防精神离职。精神离职是在企业团队中普遍存在的问题。其特征为：工作不在状态，对本质工作不够深人，团队内部不愿意协作，行动较为迟缓，工作期间无所事事，基本上在无工作状态下结束一天的工作。精神离职产生的原因大多是个人目标与团队远景不一致产生的，也有工作压力、情绪等方面原因。

二是控制超级业务员。个体差异导致了超级业务员的出现，其特征为：个人能力强大，能独当一面，在团队中常常以绝对的绩效跃跃领先于团队其他成员，组织纪律散漫，好大喜功，目空一切，自身又经常定位于团队功臣之列。超级业务员的工作能力是任何团队所需要的，但领导必须对超级业务员进行控制，避免其瓦解团队的核心。

三是瓦解团队中的非正式组织。团队是全体成员认可的正式组织。非正式组织短期内能够很好进行日常工作，能够提高团队精神，调合人际关系，实施假想的人性化管理，在团队发展过程中，基本上向有利于团队的方向发展，但长期而言，会降低管理的有效性，致使工作效率低下，优秀团队成员流失。领导必须瓦解团队中的各种非正式组织，让所有的下属都融入到企业的工作中来。

增强下属的归属感

IBM前任总裁路易斯·郭士纳曾说过，“你可以夺取我的财富，烧掉我的工厂，但只要你把我的下属留下。我就可以重建一个IBM！”这就不难解释为什么众多领导处心积虑地留住企业人才，且利用一切机会网罗企业外部人才的原因。

领导必须加强培养下属的归属感。

下属的归属感首先来自待遇，具体体现在下属的工资和福利上。衣食住行是人生存最基本的需求，买房、买车、购置日常物品、休闲等都需要金钱，这都依靠下属在企业取得的工资和福利来实现。在收入上让每个下属都满意是一项比较艰难的事情，但是待遇要能满足下属最基本的生活需求才能在最基本的层面上留住人才。因此，待遇在人才管理中只是一个保健因素，而不是人才留与走的激励因素。

个人的期望是赋予下属归属感的重要内容。每个人都会考虑自己在企业中的位置与价值，更注重自己未来价值的提升和发展。个人价值包括技术能力、管理能力、业务能力、基本素质、交涉能力等，领导提供机会帮助下属增强以上能力，是企业增强魅力、吸引人才的重要手段。

增强下属归属感还需要特别注重每个下属的兴趣。兴趣是最好的老师，有兴趣才能自觉自愿地去学习，这样才能做好自己想做的事情。作为领导应该尽可能考虑下属的兴趣和特长所在。擅长搞管理的，尽可能去挖掘、培养他的管理能力，并适当提供管理机会；喜欢钻研技术的，不要让其去做管理工作。

让下属感觉到个人的重要是归属感营造中的重要内容。任何人都希望让别人喜欢他，让别人认可他，让别人信服他，让别人觉得他重要。

以一种全新方式看待下属

在当今企业中，领导应该以一种全新方式看待自己的下属，那就是，视每位下属为具有无限潜力的人才。

事实表明，由情感投入的下属所组成的团队，往往能获得杰出的成果。而且，当顾客感到你的下属用热忱与真诚对待他们时，他们一定也会以相同的情感回应。这种下属与顾客之间的情感投入和情感互动，会变成企业持续成长的因素。

人无完人，任何人都有优缺点。与其徒劳地矫正下属的缺点，不如重视发掘与善用他们的优点。研究表明：人类通常有24种情绪天赋，这些天赋通过人的思维、感觉与行为体现出来。对这些天赋进行分类，可以帮助领导深入了解下属，并善用他们的长处。比如，有容易赢得他人信任的“管理者”；有擅长把枯燥的主题都表达得生动有趣的“沟通者”；有习惯与人比较的“竞争者”；有能预感冲突并化解纠纷的“和谐者”；也有能了解他人，具备“换位”思维的“善理解人者”。

越来越多的领导意识到，懂得欣赏和运用下属的天赋，是提高下属绩效的关键。一个高级人才不只具备一项天赋，比如：客户代表至少要有“沟通”和“换位”思维的天赋。

了解某个职位应具备哪些天赋的最好的方法是细心观察高绩效者，首先，找出促使其具有高度热情的原因，密切观察他如何建立关系，然后留意他们对别人的影响，最后请教他们如何处理信息，如何形成对工作的相关意见。

领导需要和下属情感上形成互动，这样才能够使得管理出现最优的成绩。

增强企业的“危机意识”

随着现代经济社会的发展和企业经营环境的变化，企业无法避免随时都可能发生的危机。但是很多企业往往缺乏危机意识，总要到危机发生后，才寻求解决之道，抱着兵来将挡、水来土掩的心态来面对危机。领导在进行企业管理的时候，必须认真学习如何进行危机管理。

一般来说，危机管理分为三个层次：

第一个层次是事前预防。危机管理成功与否在于事前准备功夫是否完善。面对危机，不能坐以待毙，应该在危机发生之前，做好充分的准备工作，对各种可能发生的危机做到通盘考虑，才能从容不迫地应变。企业应该一年至少有一次仿真训练。例如设计一个突发状况来测试危机处理小组的应变能力，事前完全采取保密措施，让企业花半天到一天的时间来练习，之后再检讨过程中有无疏失。仿真演练可以让下属在面对危机时，有经验可循，才能临危不乱、从容应变。

第二个层次是危机控制。在危机降临时，要在第一时间查出原因，找准危机的根源，并尽快将真相公之于众。同时要及时转变战略，展示拯救危机的决心。在危机处理时，要立即调查情况、制定计划以控制事态的发展，启动危机处理小组对危机的状况做一个全面的分析。一旦找出危机产生的原因，就必须立刻制定相应的对策。

第三个层次是善后处理。危机是每个企业都不愿面对的事，但是在发生后，如果刻意隐瞒或消极对待，危机对企业的发展将是致命的。因此当危机不幸来临时，千万小要只是怨天尤人，而应诚意面对问题，找寻适当解决方案，才能借此将危机化为转机。

第6章

包容团队，人非圣贤孰能无过

管理者要将注意力集中到人的长处上，而一些小缺陷则可以忽略不计，除非这些缺陷会影响他现有长处的充分发挥。

化解矛盾，搞好人际关系

有人批评林肯总统对待政敌的态度，说："你为什么要试图让他们成为朋友呢？你应该想办法去打击他们，消灭他们才对。"

"我难道不是在消灭政敌吗？当我使他们成为我的朋友时，政敌就不存在了。"林肯总统温和地说。

看来林肯非常懂得化解矛盾、搞好人际关系的秘诀。一个人即使为协调人际关系做出了很多努力，事实上仍然不能完全免除同别人的冲突。只要人们之间发生交往，就会或多或少产生矛盾，这是由人的天性所决定的。

发生矛盾的原因包括以下几点：

1．观点不同

人们之间发生的冲突，多见于领导成员之间，也经常发生在学术界。古人云：道不同不相为谋。由于对同一个问题产生不同的看法，人们之间便相互产生矛盾和隔阂，进而导致双方互存偏见，相互攻击，以至发展到势不两立的地步。

2．趣味相异

这类冲突主要发生在亲属之间，如夫妻矛盾、婆媳矛盾、父母与儿女之间的矛盾等。家庭是一个人生活的主要场所，如果后院经常起火，一个人是难以把精力和注意力全都投人到事业上的。一个在事业上建立了辉煌成就的人，必定离不开家庭的支持。一个成功的男人背后必定有一个做出巨大牺牲的女人，反之亦然。

3．个性抵触

性格、气质不同以至相反的人，相互之间也会产生冲突。例如，一个急性子的人，会看不惯一个慢性子人做什么事都磨磨蹭蹭；一个慢性子的人，又会抱怨一个急性子的人干什么都风风火火。总之，这两种人常常相

互不能理解和谅解，结果便产生一些矛盾。

4. 产生误会

人和人相处，即使主观上不想发生摩擦，但仍然难以避免产生一些误会，有些误会甚至还是根深蒂固、难以消除的。例如，《红楼梦》中贾宝玉和林黛玉常常有误会，曹雪芹对此做了饶有风趣的描绘。其实，类似这样的误会在现实生活中不知有多少。

5. 发生纠纷

生活中有些冲突是隐性的，比如志趣不同的两个人之间的冲突未必就公开化，但是也有不少矛盾是会激化的。例如同事之间、邻里之间，甚至两个陌生人之间，都往往会因一点小矛盾而发生显性的冲突，轻则产生口角，重则拳脚相加，以至于发展到不共戴天之仇。

产生矛盾的原因有很多，但是归根结底还是由于诸如狭隘自私、敏感多疑、刚愎自用等人性的弱点造成的。人们思考和处理问题往往习惯于从自我出发，平时疏于同别人理解和沟通，因而出现矛盾后，总认为真理在自己手中，别人都是错的。

发生这样那样的冲突应该说对双方都是不利的，必然会对各自的事业产生消极的影响。一个想要成就一番大事业的人，必须想方设法避免不必要的冲突，千方百计地消除各种矛盾，使自己有一个宽松和谐的工作和生活环境。

那么，一个想成就一番大事业的人，如何才能防止同别人产生冲突呢?

（1）要胸怀宽广，高瞻远瞩，凡事讲大局、讲风格、讲团结，调动一切积极因素，为一个共同的目标而努力。

（2）要注意调查研究，及时掌握下属的思想动态，努力化解各种矛盾，防患于未然，减少或完全消除人们之间的隔阂。

（3）以理解的眼光看别人，懂得大千世界是五彩缤纷的，人也是各种各样的。别人不可能完全同我们有一样的志趣，我们不能像要求自己那样要求别人，每个人都有自己的个性和特点，有不同的长处和短处。

（4）宽容别人的过错，明白世上没有十全十美的人，包括自己在内谁都有缺点，谁都有可能犯错误，要给别人改正错误的机会，就像希望别人也原谅自己的过失一样。

（5）对别人不要求全责备，要小事糊涂，大事明白，记住“水至清则无鱼”。对别人要求过高就会曲高和寡，对别人太苛刻就会拒人于千里之外，对别人横挑鼻子竖挑眼，就没有人同我们共事。

（6）除非是涉及原则性的问题要搞清楚是非曲直之外，对一些无关紧要的事，不能抓住不放，要大事化小，小事化了，甚至有意装糊涂。绝不应简单问题复杂化，本来没有多大的事，却非要弄个水落石出，论出个我是你非，那只能是天下本无事，庸人自扰之。

（7）冤家宜解不宜结，即使有了矛盾，也应坦诚布公，想方设法寻求理解和沟通，就事论事，不要把矛盾扩大，要勇于做自我批评，以自己的真诚换取别人的理解。

总之，化解矛盾要首先从自己做起，记住你如何对待别人，别人也会如何对待你，要走进别人的心灵，自己就要首先敞开胸怀。

相信直觉，公平处理问题

领导常常会听到部下的谎言，对这些说谎的部属，领导应谁的话也不轻信。太相信别人的话，往往造成领导片面地处理问题，引起其他下属的不满，所以作为领导应相信自己的判断，以公正、公平地处理问题，使广大部属相信并肯定你的工作能力。

有人问淘金者，怎样获得金子？淘金者说：“金子就在那儿，你把沙子去掉后，剩下的自然就是金子。”这个回答颇有“禅”的意味，它指明了我们在生活中求真求善的最佳方式与途径。

我们都知道，我们来到这个世界，并不是为了虚妄地度过一生，我们需要切切实实地为世界留下些什么，或者是思想，或者是感情，付出的同时，我们也渴望获得和拥有一份真实，我们敏感的心灵不会为虚假的感情激动，我们的眼、耳、鼻、舌、身都不是为那些虚假的东西而存在的。无法想象我们有一天听到与看到的全是假东西，那将是多么令人沮丧的情境！

有一句西方谚语说：“当真理还在穿鞋的时候，谎言已跑出老远了。”不管你愿不愿意面对，事实上，我们的现实生活中早已充斥着大量的谎言，我们无法回避它们，必须每天去面对、去听、去看、去感觉，甚至是不得不耐着性子地听和看。我们在生活中听到的谎言甚至比真理还多。怎么办呢？

一个成熟而富有健全理性的领导会以一种平常的心态来看待这些谎言，不管它是为了何种目的而说，他知道，任何谎言都不会是无缘无故的，面对一些特殊的情境撒谎，也可以说是人之常情。因此，他会坦然地面对一切，而且，随时保持清醒的头脑，不为谎言所迷惑。大家很熟悉的那个老洛克菲勒的故事就是这样。

一天，老洛克菲勒在家中和小孙子玩得十分高兴，小孙子在屋里跑来跑去。老洛克菲勒把孙子抱到窗台上，使劲地鼓励，小孙子从窗台上纵身向下一跳，洛克菲勒接住了他，然后又一次将小孙子抱上窗台，再次鼓励往下跳，并仍旧伸手做出接他的动作。小孙子有了上次的经验，觉得这样很好玩，毫不犹豫地跳下。但这一次，老洛克菲勒突然缩回双手，小孙子砰的一声摔在地板上，痛得失声大哭。

这时，一位宾客正好从旁经过，目睹此情此景，十分惊讶，便走上前去询问这位大亨何以如此对待自己的孙子。

老洛克菲勒笑着说："我要让他从小就知道，任何人的话都不可轻信，包括自己的爷爷。"

好一个洛克菲勒！他把自己一生纵横商界得出的最精辟的为人处世之道，以如此简单明白的方式道出，实在令人震惊而又钦佩。

把谎言作为人类生活中一个重要组成部分来正视它，的确有益于我们建设自身、保护自我。俗话说："害人之心不可有，防人之心不可无。""人无打虎心，虎有伤人意。"如果我们在同人相处时，心中先存几分戒心，那么世界上绝大多数骗局都将被识破。但可惜的是，我们很多人自幼受的教育并不是要我们存有防人之心，而是被灌输了许多"人与人之间应互相信任"、"人性是善良美好"的观念，很多人抱着这样的观念，在与人交往时就会轻易地上当受骗。

要杜绝私下议论

人人都希望在工作岗位上能互相帮助，取长补短，愉快地工作。但是这种和谐的群体气氛，常会被一些无聊的小事所破坏，使大家的心里蒙上一层阴云。

当某人不在场时对其说三道四，这是破坏群体和谐的大敌。虽然言者未必怀有恶意，然而，由于谈论的是一个不在场的人，言论很容易出格，让人听起来不无诽谤之感。

而这些背后议论一个人的言论，传来传去常常在无形中被夸大，尽管传话的人可能并无恶意，但一旦被受议论者听到后，足以使其伤心。人类最难控制的器官是舌头，最难压抑的欲望是言语。想要堵住一个人的嘴巴，恐怕是不可能的。更何况这些背后议论的话语几经相传，最后被本人听见时，已经是恶意话语之集大成了。相形之下，被议论者对那些背后议论者的反感和气愤程度，是可以想象的。随之而来会产生永远不再与那些议论自己的人说话、共事的思想，也是毫不奇怪的。这样一来，和谐的群体气氛必然遭到破坏。

某人不在场时，绝对不要对这个人的行为做任何不负责任的评论。这是作为组织中的一员应有的起码修养。哪怕是没有一点恶意的议论，也是绝对不允许的。

如果真想给某人提批评意见的话，最好和其本人面对面单独进行，在没有他人参加的场合下，有条有理，心平气和地交谈。既然讲的目的完全是为了他人好，那么，就应该在没有他人的场合讲。随便轻率地说话，或单纯为了发泄私愤而信口开河，都是一个人的成熟度有问题的典型体现。

尤其是酒后言谈更需要特别谨慎，一言既出，驷马难追。有的人想得简单，认为酒后说出来的话一般人记不住，然而正好相反，人们对“酒后真言”往往记得分外清楚。

总之，不论在何种情况下，不谈论不在场的人应该成为每个人的行为准则。

其实，喜好拨弄是非、在背后议论人的人，大都是些言谈轻率、轻易就可以给一个人下结论，或是言语偏激，发泄私愤的人。

对待这种人，需要抓住证据，耐心教育，让他们认识到，这种行为只能使亲者痛仇者快，充当的只能是破坏组织或企业团结的角色。需要告诫这种人“下不为例”。如果经过这样的教育仍不改的话，就意味着这人存在本质问题，必须采取其他措施加以解决。

至于在背后赞美他人，那就是一个例外的问题了，可以说被你赞美的人越多越好。因为这种语言是改善人际关系的一种润滑剂。本人即使间接听到，也会对说的人抱有好感。作为管理者，对好在背后说些易招人误解言语的人，应该引起特别注意，绝不可掉以轻心。

错误不等于不良行为

学会宽容下属出错，是领导的必备素质之一。但这也并非意味着领导应对下属所有的错误均加以宽容。

凡事均有个限度。通常来讲，对于小的违规行为，领导可以睁一只眼闭一只眼；但如果这种小的违规行为连续出现，反映出更深的问题，作为领导的你则应采取措施了。

宽容错误与不容忍不良行为这二者中的核心问题则是要划分接受与不可接受二者间的界限。通常来看，什么可以接受与什么不可以接受之间的界限很模糊，令人迷惑且因情况而异。

作为领导，你必须学会自己作出判断：什么样的行为你可以容忍；什么样的行为你不能容忍。下属在你面前的不良行为越多，他们越可能对你缺乏尊重，越没有工作热情，最终，只会导致损害你的权威形象，同时，也达不到你对下属们的期望。

不良行为：

（1）连续的迟到早退

（2）不认真倾听

（3）不守信用的承诺

（4）格调低劣的玩笑

（5）掩盖过失

（6）不完全说真话，甚至撒谎

（7）工作中将大量的时间用在私事上（例如，过多的聊天儿；过多的私人电话，等等）

（8）不整洁

（9）各种不礼貌的举止（例如，大声的关门，忽视他人，等等）

（10）消极的工作态度（例如，总将错误推给别人；总在抱怨，

等等）

（11）不谨慎（例如，将危险品随处乱放；在易燃处吸烟，等等）

（12）高傲自大，傲慢及鄙夷他人

（13）通常对什么都不在乎

（14）不注重外表形象

（15）在背后议论他人

（16）消极的身体语言（例如，意见不一致时的叹息；望向窗外；失望的摇头，等等）

（17）对待工作随随便便

对于下属的不良行为，领导应当采取各种可能的措施加以惩罚，以达到惩前毖后，治病救人的目的。作为领导，你也必须清楚：你的下属每一天的每一分钟都在观察你。你在处理他人的举止时的表现会极大地影响你作为领导的形象。如果你过于死板，连微小的过失也不放过，下属们会对你很反感；反过来，如果你过于大大咧咧，允许某些人低于其他下属的标准行事，下属们就会认为你不适宜做领导。

聪明的领导更善于与下属谈论不容忍行为的界限。这样做的目的，就是让你的下属的脑子里有个明确的概念：什么样的行为你可以接受，什么样的你不能。通过这样的沟通，你无需明确地讲明什么样的事你睁一只眼闭一只眼——下属自己就能明白。最终，使这一切成为下属们的常识，并作为约束个人行为的一种准则。

关键的一点，要一视同仁。对于不可容忍的行为要惩罚得当，公平行事。不要因为下属的职务，级别，工龄等因素而区别对待每一个人。惩罚必须是严厉而又有建设意义的，避免下属重蹈覆辙。

把话放在明面讲

为了企业发展，作为老板时刻都要与部下坦诚相见。

人与人之间的情感是非常细腻的。比如两个人之间有误会，往往因为偶尔发生的冲突或口角，遂毫不客气，将自己对对方的不满尽数抛出。及至怒气发泄完了，渐渐冷静下来后，左思右想总觉得有些不妥，于是双方再坐下来，心平气和地谈，等到发现原来是场误会后，又后悔不已，两人却常常因此而成莫逆之交。

一家化妆品公司的老板弗朗索瓦说过这样的话：“人际关系因摩擦之故而有所发展。”弗朗索瓦先生过去有位助手，此人做起事来太迟钝，受批评也满不在乎，一副无所谓的样子；得了表扬也是这副德性，既不欣喜，也无感谢之意，甚至老板当面鼓励他，他也只当是耳旁风，简直是木头一块。老板曾经想过无数种方法，试图纠正他的这种恶习，但无济于事，他毫不理会。终于有一天，企业丢了一笔大买卖，老板认为责任在于助手办事缺乏效率，以致错过商机，于是大发雷霆，把平日积累的怨气全部发泄出去，而助手本人却觉得受了天大的冤枉，也是气势汹汹，和老板大闹起来。待两人冷静下来细想，却越发觉得对方的愤怒并非一点道理没有，自己的一些理由也不一定能站得住脚，于是当老板主动邀请助手到家小聚，推心置腹侃侃而谈。两人终于化干戈为玉帛，成为好朋友。

因为这次冲突，反而促使了两个人的互相沟通，从此以后，双方能直言不讳地就某些问题交流看法，这真是“不打不相识”。

在今天这样一个时代，许许多多的人，因年龄的差距，彼此敬而远之，由于他们认为对方的想法和价值观与自己大相径庭，与之谈论自己的看法，那是“对牛弹琴”，于是双方也就不会坦率地谈出自己的真实想法，只有表面的和谐。然而，常常在双方打开窗户说亮话，坦陈己见后才发现彼此可以成为忘年之交。

老板对部属或部属对老板持有偏见，而一味猜测对方心中会打什么算盘，必然使双方不大容易彼此接近。而一旦有机会让两人一吐心声，也许会明白对方的所思所想跟自己的一样，从而迅速拉近感情。老板若想部属对上司坦诚相见，就必须首先以坦诚的态度对待部属，不然的话，就南辕北辙，将永远毫无结果可言。

管理者要有容人的雅量

人之为人，有各种各样的性格、脾气、嗜好，其中有些甚至是很希奇古怪的。人才也一样，总会有这样或那样的缺点和不足，这就要求领导在用人时要有容人之心，既容人之长，又容人之短，不求完人，但求专才。

《管子·形势解》中言道：海不辞水，故能成其大；山不辞土石，故能成其高；明主不厌人，故能成其众。大凡善用人，易成事者必有宽容之心。宽容是一种美德，它具有巨大的感染力量；宽容是一种自信，它表明虚怀若谷的坦荡；宽容也是一种力量，它可以使强敌畏怯，使弱友气振。所以容人之度，容人之心应成为每个管理者的必备素质。

容人，信在人，一个重要的要求就是“用人以专，不信馋言”。馋言之于用人，至少有三大危害：

一是蔽贤失士。“毋监子谗言，毋听谗，听谗则失士”，“信小人者失士”，古人对此早有清醒的认识。韩非认为那种专讨君主欢心而陷害贤良的人是应当对之警惕的，青绳所污，常在涤素。谗言指向的多是忠诚刚直之士，“凡有才名之士，必遭险薄之辈假以他事中伤，始乎摒弃，率不得用”。

二是善政障塞。《墨子》日：“陷谀在侧，善政障塞。”由于谗言，使贤良之士不得一层才华，甚至常有受害之灾，不能安心工作，长此以往，必将导致忠良难存，善言难进。

三是谗令亲疏。苍蝇间白黑，谗巧令亲疏，谗言功能之一，就是搬弄是非，制造矛盾，故谗言不可听，听之祸殃随。

正所谓兼听则明，偏信则暗，只有不为谗言所动，以一颗容人之心待人处世，才能笼络天下有才之士为我所用。

《三国演义》中曹操对蔡瑁、张允弃主而降十分反感，但由于曹军不习水战，才任用二人。后来蒋干盗书，听信假情报，错斩蔡、张二人，使水军失去良将，导致赤壁之败。可见曹操从个人感情出发，不能容人之短，所带来的危害之大。假若曹操能有大肚能容天下的胸襟，察蔡张之短而用其长，恐怕赤壁之战也不会如此一败涂地。

小怨不赦，则大怨必生。管理者与下属常在一起，难免产生矛盾，作为管理者若有容人之心，不计小怨，就能迅速化解矛盾；反之，则小怨积成大怨，双方反目成仇，那就只有刀枪相见了。

勇敢地承认错误

格里·克洛纳里斯现在北卡罗来纳州当货物经纪人。在他给西尔企业做采购员时，他发现自己犯下了一个很大的认识上的错误。有一条对零售采购商至关重要的规则是不可以超支你所开账户上的存款数额。如果你的账户上不再有钱，你就不能购进新的商品，直到你重新把账户填满——而这通常要等到下一次采购季节。

那次正常的采购完毕之后，一位日本商贩向格里展示了一款极其漂亮的新式手提包。可这时格里的账户已经告急。他知道他应该在早些时候就备下一笔应急款，好抓住这种突如其来的机会。此时他知道自己只有两种选择：要么放弃这笔交易，而这笔交易对西尔企业来说肯定会有利可图；要么向企业主管承认自己所犯的错误，并请求追加拨款。正当格里坐在办公室里冥思苦想时，企业主管碰巧顺路来访。格里当即对他说：“我遇到麻烦了，我犯了个大错。”他接着解释了所发生的一切。

尽管企业主管不是个喜欢大手大脚地花钱的人，但他深为格里的坦诚所感动，很快设法给格里拨来所需款项，手提包一上市，果然深受顾客欢迎，卖得十分火爆。而格里也从账户超支一事汲取了教训。并且更为重要的是，他意识到这样一点：当你一旦发现自己陷入了事业上的某种误区，怎样爬出来比如何跌进去最终会显得更加重要。

当你不小心犯了某种错误，最好的办法是坦率地承认和检讨，并尽可能快地对事情进行补救。

一个人在前进的途中，难免会出现这样或那样的过错。对一个欲求达到既定目标、走向成功的人来说，正确对待自己过错的态度应当是：过而不文、闻过则喜、知过能改。

人们大都有这个弱点：喜欢为自己辩护、为自己开脱。而实际上，这种文过饰非的态度常会使一个人在人生的航道上越偏越远。过而不文需要一种坚强的纠错意识和宽广的胸怀。一般人做不到这一点，首要的原因可能是虚荣心在作祟。一向认为自己各方面的能力都不错，很少有失误发生，久而久之，自然养成了“一贯正确”的意识，一旦真的出现过错，则在心理上难以接受。出于对面子的维护，人们会找理由开脱，或者干脆将过错掩盖起来。另外的原因是怕影响自己在他人中的威信。其实，如果是作为下级，敢于正视自己的过错，可能会更加得到领导的赏识与信任；如果是作为上级，能做到闻过则喜也会使下属对自己更加敬重，从而提高自己的威信。

闻过则喜、知过能改是一种积极向上、积极进取的人生态度。只有当你真正认识到它的积极作用的时候，才可能听得进别人的善意劝解，才可能真正改正自己的缺点和错误，而不至于为了一点面子去嫉恨和打击指出自己过错的人。闻过易，闻过则喜不易，能够做到闻过则喜的人，是最能够得到他人帮助和指导的人，当然也是最容易成功的人。而知过能改则是使一个人在激烈的竞争中从一个胜利走向另一个胜利的关键。“过而不改，是谓过矣！”有了过失并不可怕，怕的是不思悔改、一味坚持，这种人是很难走向人生的辉煌的！

学会和不同个性的人共事

行为科学研究人员发现，75%的人与你截然不同。他们有的可能对你一生的成功至关重要，但他们的言谈举止、处世行事却与你千差万别。虽然说不上是好还是坏，但肯定与你不同。从行为科学的角度看，每个人都是少数派。

不过，问题的背后往往隐藏着机遇。跟个性迥异的人共事富有挑战性，但你可以化不利为有利。与这种人富有成效地合作，有助于你了解他们的做事方式和行为习惯。

20世纪60年代，工业心理学家大卫·莫瑞乌博士发现，有两种行为模式能够极为有效地预测人们的行为倾向，即果敢型和反应型。果敢型指对别人具有说服力或指导力。反应型则指更善于在别人面前表露内心情感或体会他人情感。

果敢型的人往往雷厉风行、决策迅速、处事果断，声音洪亮、爱高谈阔论，好冒险、敢于对抗、发表意见或给出指令时直截了当。反应型的人则倾向于直诉情怀，重视问题中人的因素，愿意与人共事，时间观念不强。

总的来看，果敢型和反应型两种行为模式决定了一个人的行为风格。这种风格的建立则取决于他人对你行为的认识。能够看透他人是一种挑战，能够客观地把握别人对自己的看法更是难上加难。

人的行为风格可分为以下4类：分析型、推动型、表现型及温和型。每一类行为风格都有其潜在的优势和不足，但优势也只不过是潜在资产，只有善加开发才能成为实际优势。同样，不足也只是一种潜在的负债，每一类型的成功人士都会设法扬长避短，提高效率。

虽然每个人都会表现出一种主导风格，但多少都会兼有一些其他风格的特征。无论我们的主导风格多么明显，我们的行为中总可以看到其他风格的痕迹，甚至在许多方面都有所表露。

跟不同风格的人共事不一定是坏事。只要各自的工作风格能够珠联璧合，配合得天衣无缝，他们的合作就会强而有力。

“风格调适”就是调整个人行为以更好地与其他人配合，即对个人的一些行为进行调整，以便双方更好地互动。

欲与不同风格的同事进行有效沟通、和谐相处，应注意以下几点：

1．遇事多商量

工作中会遇到许多需要相互协同完成的事，这时，不要自作主张，而要多和同事商量，以取得他们在实施行动中的配合。如常说“这件事，你们看怎么办好？”“大家看这样做行不行？”以确定今后的行动不使他人为难。遇事常与同事商量，不自傲，不自卑，相互尊重，易达成工作中的协作。

2．谦虚坦诚

身为同事，地位相等，谈话中就切不可表现出高人一等的样子。如不同意同事的意见，可阐述理由，正面论述，切不可语带讥讽，好为人师。如有人常爱说“真奇怪，你怎么会有这样无聊的想法？”“你好好听着，这件事应该这样去做！”这样的话语常表达出对他人智能的怀疑与讥讽，会伤害他人感情，难以赢得合作。

3．当面交换意见，消除误解

同事间随时都可能产生矛盾，或意见相左。这时，应当面把自己的意见谈出，来谋求相互的了解和协作，不可背后散布消息，互相攻击。在当面交谈时，语调要平和，用词忌尖刻，就事论事，不翻旧账，不进行人身攻击。当面交换意见，这有利于相互了解。

4．平时尽可能多交谈，联络感情

人与人的交谈，有时是一种礼貌的表示，不见得有什么重要的事要商量，有什么意见要交换。这时，可以用平常而无害的话题来联络感情。如谈谈近期的气候，谈谈旅游，谈谈市场菜价等。这些话题不直接指向某人，不触及“雷区”，一般来说，礼貌性的闲聊是适宜的话题。

第7章

温情团队，用真诚留住他人

要想获得卓有成效的管理，管理者就要时常抽出时间和下属交谈。

留人三要素：放心、诚心、热心

求安是人生的根本要求，中国人一个“安”字，代表多少安慰与欣喜。孔子希望我们用“患不安”来消减下属的不安，因为“安”乃是激励的维持因素。然而，下属不可能完全达到安的地步，不安只能消减，无法消灭。

下属的求安，主要考虑同仁与环境这两大因素，而两者互动，因此产生愉快的工作环境、可以胜任的工作、适当的关怀与认同、同仁之间融洽与合作、合理的薪资制度与升迁机会、良好的福利、安全的保障、可靠的退休制度，以及合乎人性的管理等等需求。

安则留，不安则去，乃是合理的反应。下属的求安程度不同，认为大安、久安、实安、众安的才会安心地留下来。认为小安、暂安、虚安、寡安的，虽然留着，心中仍有不安，必须设法予以消灭。

安的反面是不安。企业不能做到“有本事就来拿”，过分相信甄试及测验，以致不知如何识才、觅才、聘才、礼才、留才、尽才，下属就会不安。家族式经营并非不好，但是如果不敢相信外人，不能容才、用才，构成下属“留也不是，去也不好”的不安。管理者不了解真正适合中国人个性的领导、沟通、激励方法，不能人尽其才，也会引起下属的不安。

当然，企业的经营方针不明确、缺乏技术开发能力、劳务政策不能顺应时代的潮流，或者不能重视整体发展，都是下属不安的诱因。

不安的象征，最具体的，莫过于高层不放心、中层不称心，而基层则不热心。必须设法做到高层放心、中层称心、基层也热心，才是真正安人的表现。

我们不妨把下属分成四种，归纳为下述四种形态：

（1）稳定型。认为工作胜任愉快，而工作环境也相当良好的，自然身安心乐，称之为稳定型，是因为这一形态的下属，多半会稳定下来，不

容易见异思迁。

（2）矛盾型。认为工作胜任愉快，而工作环境则有很多不如意的地方，去留之间相当矛盾，时常犹豫不决。

（3）游离型。认为工作环境相当良好，不过工作则不能胜任。遇到有更合适的工作机会，就可能离职他去，所以称为游离型。

（4）滚石型。工作不胜任不愉快，对工作环境也诸多不满。在这种情境下，实在很难安心工作，以致骑驴找马，一有机会便准备跳槽。

矛盾的下属，觉得工作相当理想，舍掉十分可惜。但是在工作环境方面，则有许多不安，例如照明不佳、通风不良、交通不便、噪音太大、空间太小，以及用餐不方便、安全不放心等等，使下属觉得内心非常矛盾："走，可惜；留，难过。"

这时候我们应该把下属的不安，区分成为个人的或集体的两大类。个人的个别解决，集体的则由企业统一予以改善。

消减工作环境方面的不安，可以按"马上能做的，立刻解决；过一段时间就能改善的，宣布时间表；暂时不可能的，诚恳说明困难的所在"的原则，逐一改善或说明。只要下属觉得合理，自然会消减不安的感觉，使自己改变形态，从矛盾型变为稳定型，因而安心工作了。

游离型的下属，认为工作环境相当理想，可惜工作很难胜任，当然谈不上愉快。

工作的胜任与否，直接影响下属的工作绩效及工作满足感。下属的个别差异，正是主管指派工作时必须考虑的要因。下属的特点如果配合工作的特性，例如成长需求较高的下属，给予比较复杂的工作，而成长需求较低者，则不妨调派比较简单的重复性或标准化的工作。

实施在职训练，乃是使下属由不胜任而胜任的一种方法。定期或不定期的工作轮调，则是增加下属工作变化性的有效方式。变化性加大，可以降低对工作的厌倦程度，是工作的横向扩大。工作丰富化在垂直方向有所延伸，增加下属的自主责任，使其获得更为完整的满足。工作改善，自然减少下属的游离感，促其趋向稳定型。

滚石型的下属，由于工作与工作环境俱不合适，因而身不安心不乐。这种心态如果不予改变，就会造成不做事、光捣蛋的滋扰分子，令人头疼不已。

人事部门最好和他谈谈，不必直截了当地指责他，用一个中国人熟悉的缘字来沟通。先说他似乎和现在的主管没有什么缘分，所以处得不愉快，工作绩效也不高。然后让他挑选认为比较有缘的主管，如果愿意接受，便调单位试试，若是不愿意接受，也让他明白，并不是人家都欢迎他。调职之后有所改变，等于救活一个人。没有改变，则问问他的感想，自愿离职最好，不自愿离职，由比较接近的同事劝导他。不听，和他家人谈谈；再不接受，人事部门可以正面劝导其离职他就。

尽力满足下属的需要

有的领导会问：如果我按你说的那样满足了下属的需要，我能得到什么好处?

好处之一，就是他们会为你卖命工作。

另外还有其他的好处：

1. 你将获得卓越的驾驭下属的能力

当你认识并获悉了促使下属说话和做事的隐藏的动机之时，当你了解了他们隐藏在内心深处的需求和愿望之时，当你能拿出一份额外的努力帮助他们取得他们需要的东西时，你便赢得了驾驭他们的卓越的能力，他们会始终乐于做你让他们做的事情。

2. 你可以节省许多时间、精力，甚至金钱

不知你想过没有，为什么有的人获得了辉煌的成功，而有的人却遭到了惨败呢? 也不知你想过没有，为什么有不少小的企业和商店在开业不到一年的时间里，利润就能成倍地增加呢? 原因十分简单，成败的原因就在于是否知道人们在开始做事之前在想什么。

最成功的一些企业、企业和个人总是能够弄清楚他们的顾客在他们还没有开门营业以前在想什么。他们从不把时间、精力和金钱浪费在猜想上。他们是通过心理学方面的研究和市场调查来得知一个人的需求和愿望的，知悉一个人的内心需求和愿望会给你带来无穷无尽的好处。

运用这些相同的基本程序，你也可以节省大量的时间、精力，甚至金钱。单单为了知道一个人的潜在需求和欲望，你大可不必花很多钱去学习心理学或者搞市场调查。不等你学完今天的内容，你就会了解控制一个人的行为的每一种隐藏的动机。你也将学会如何利用这些隐藏的动机去获得卓越的驾驭人的能力。

3．你可以获得影响、控制别人并与之交际的最大能力

当你研究了人的行为、完善了你对人的了解和认识之后，当你弄清楚了人们为什么要这样说而不那样说，要这样做而不那样做的时候，当你学会了通过分析他们说的话和做的事来判断他们隐藏在内心的动机的时候，你就会发现你影响和控制每一个与你打交道的人的能力在与日俱增。这证明你在获得卓越的驾驭人的能力方面取得了成功。

好处还有很多很多……总之，了解并满足下属的需要，对你有百利而无一害。

学会做下属的听众

下属中最普遍的抱怨形式就是唠唠叨叨，把自己的一肚子不满倾倒出来，对此，作为领导绝不能装作听不见。相反，你一定要做下属的听众。

获得驾驭人的卓越能力的最快捷、最容易的方法之一就是用同情的心理，竖起耳朵倾听他们的谈话。要成为一个好的听众，你必须学会什么都能听得进去，忘掉自己，要有耐心，要有关心，现在让我们逐个讨论这些问题。

1．要学会什么都能听得进去

不知道还有什么比当一个人想同你谈话，却遭到你的拒绝能更快地羞辱他的人格和伤害他的感情了。有什么人那样的对待过你吗？谁那样对待你，你就会背离谁，就会从谁身边走开。当别人不听你说话的时候，你的感情就可能被深深地挫伤，但这并不是你的罪过。

当你聚精会神听一个人讲话的时候，你必须得把你自己的兴趣放到一边，把你自己的好恶隐藏起来，不要表现出任何偏见，至少暂时需要这样。在听人讲话的几分钟时间里，你必须将自己100%的注意力集中到对方身上，细心倾听他所说的话，你必须调动起自己的全部精力和知觉听人家讲话，你能够做到这一点，也必须做到这一点。

2．完全忘掉自己

如果你打算成功地运用这种技巧，你必须强迫自己忘掉自我。这一点对于一向以自我为中心的大多数人来说，一开始是比较困难的。对于我来说，我是一切事物的中心，世界要围绕着我旋转。但就你而言，你又是一切事物的中心，世界又要围绕着你旋转，几乎我们所有的人都在不断地争取成为这个中心。除了睡觉以外，人们把大部分时间都花费在企图得到某种重要的社会地位上去了。

但是，如果你想获得卓越的驾驭人的能力，就一定不能那样做，你必须训练自己的意识，将强调自己的习惯向后移动一下，你必须暂时放弃想把自己放在一个众人瞩目的位置上的想法。

如果付给你高薪让你忘掉自己足够长的一段时间去听别人讲话怎么样？你肯定还能接受吧。

3．要有耐心

有耐心也不是一件很容易的事，尤其是在你有急事要办，可某个人非要告诉你一些无关痛痒的事情的时候，更不容易耐住性子。有的时候，他简直把你逼得走投无路，没有办法你只好硬着头皮听，你恨不得他赶快把话说完，但每次听完之后，你都要大大夸奖他一番，因为他的建议正确又合乎逻辑。当然，偶尔你也不得不听一些废话。但与那些好主意相比，这是微不足道的！

锻炼耐性倾听的最好方法就是不批评人，不急于下断语，不管你怎样忙都不能这样。在你发表看法之前，最好是冷静地思考一番，尤其是那些可能毁坏对方的自我意识、尊严和自尊心的事情，就更不能轻易下断言。无用的批评从来都不是取得驾驭别人的卓越能力的方法。

在大多数情况下，忍耐只不过是一种等待、观察、倾听，平心静气地袖手旁观，直到你想帮助的这个人对自己的问题得出了答案。

4．要关心别人

如果你认为能够以牺牲别人为代价，获得驾驭人的卓越能力的话，或者不用关心那个人和那个人的生活福利也可以获得驾驭人的卓越能力的话，就大错特错了，那是万万办不到的。如果不能对别人有好处，否则你就不会有驾驭别人的能力。

关心别人是建立深厚而持久的人际关系的基础，也是一切友谊的核心。

做关心员工的企业

作为通信行业的管理者和创新者，北电网络的理念是要发展成为一个让客户、股东、下属都可以生活、工作并以此为家的社区。

“我们是一个关心员工的企业，我们鼓励相互支持。老板和下属之间非常支持。老板有发展下属的责任，下属也有积极参与的责任。”北电网络称主管为“人事经理”。他们有很大一部分精力是在有效管理和激发下属的潜能。所以每个管人的经理应该知道去理解下属的内心需求，看什么东西能够激励他们。例如有些下属比较注重家庭，经理要了解他的家庭背景，如果他需要较多时间在家里，企业要尽量去配合，出差就少安排一点。在北电网络，通常下属大概工作两年就会有轮岗的机会，当然轮岗要征询下属的意见。在北电网络企业有一套制度，叫内部调度，用来通过轮岗增加下属其他方面的能力。执行内部调度至少下属要在一个岗位呆18个月或24个月的时间，这样使他对现有的工作有一个足够的了解。

用薪金奖励进步下属只是一种比较简单的手段，留住优秀人才，物质奖励只是一个临时方式。随着时间的推进，下属的物质水平提高了，薪金的激励作用就慢慢地降低，这就是所谓薪金和劳动生产率不是绝对成正比的关系。对下属进行发展规划，帮助下属制定他的职业计划，会更加激励下属进步。北电网络在激励下属方面更注重下属的职业发展，例如让下属去轮岗，在工作中能够吸收别人的经验，激励他们继续发挥自己的潜能。

如果下属有轮岗的需求，可以向人力资源部提出来，然后人力资源部会在别的部门给他找机会，有时候别的部门也将这种需求提交给人力资源部。双方如果都有意，可以通过面试交流，如果大家都同意的话，这个下属通常就会到新岗位进行工作试用。为了避免内部部门之间相互挖人，北电网络在制度上有一些基本要求，例如必须在一个岗位工作满18个月或24

个月；另外挖人方经理要给供人方经理提前打招呼。“不可能让一个人在一个职位做到退休。我们希望留住人才，因为我们请进来的人都是很优秀的人，希望他们能够留下来，企业会提供职业发展空间。”

北电网络是一家具有100多年历史的电信企业，按照常理，它容易产生官僚主义和人浮于事的现象。但是在北电网络看到的是大家都不讲级别，直呼其名，甚至在工作描述中只会突出职位的职责、贡献以及与团队如何配合，不会特别重申级别。北电网络企业在中国的市场和销售下属有500人，男女比例是6：4，管理人员和下属的比例是1：9，管理者中女性比例也很大，达到1／3。

绩效评估结果是下属升职的一个参考。北电网络企业不会事先给个别下属特定考核，而是对待每个升职有特定的考虑。这个考虑包括该下属一路上来的表现，也会考虑他的潜能。北电网络认为，一个管理者的潜能包括四个方面：一是学习的能力。北电网络认为一名下属的学习能力比他的知识和经验可能更重要，因为市场在快速发生变化，知识不断更新，学习的速度和能力是非常关键的素质。二是去赢得工作成绩的能力。领导不但要善于计划，而且要赢取结果，这也是重要方面。三是去带动、影响别人的能力。这是管理者的基本素质，每个经理人要有发展别人的能力。四是对企业绩效的贡献。

北电网络每年都有下属意见调查，通过调查给人力资源部一个整体的下属情绪指数。在调查问卷中每个业务部门都有非常针对性的调查，通过调查能够看出每个部门有什么问题。随着变化加快，北电网络现在半年就作一次下属调查，对现代人力资源工作来说，以1年为一个项目执行期间已经不能适应快速变化的人力资源市场。

调查问卷设计得非常细，有不同的问题组别，分类很科学，调查完毕，通过报告分析就会得出非常清楚的下属士气结果。往往一个下属呆在一个部门快不快乐跟经理的关系非常大，所以如果一个部门经理本身存在问题，对手下下属来说是非常糟糕的事情。由于人力资源部长期坚持建立一个很开放的环境，下属有什么事情会很快就反映出来，不会出现一个部门领导一手遮天的情况。

在北电网络，下属因为种种原因提出辞职时，企业通常会执行一个辞职面试流程，人力资源部会跟这个下属谈，去看这个人应不应该挽留，并通过面试来获得具体的管理方面的建议。通常在企业的办事流程、业务发展等方面，通过面谈，下属能给人力资源部提供一个可供参考的建议，对改进企业管理效果明显。下属离职的反馈对人力资源工作具有重要价值。如果发现一个非常优秀的人才需要挽留，人力资源部会找出企业方面存在的问题，给下属留下来提供机会。

“我们北电不考勤，充分信任下属，我们也信任经理。”人力资源部很少将精力花在下属考勤方面。每个部门的经理要通过培训熟练掌握一些行为方针，如果一个下属离行为规则太远，经理就会提出来。每一个季度北电网络都有全体下属大会，企业的高层领导会来参加。大会一方面是报告业务方面的事，另一方面下属有什么问题也在会上提出来，领导层和下属进行直接问答，而且每个部门和团队都有他们的部门会议。

“一分钟”管理法则

目前，西方许多企业多采用“一分钟”管理法则，并取得了显著的成效。其具体内容为：一分钟目标、一分钟赞美及一分钟惩罚。

一分钟赞美，就是企业的经理经常花费不长的时间，在下属所做的事情中，挑出大体正确的部分加以赞美。这样可以促使每位下属明确自己所做的事情，更加努力地工作，使自己的行为不断地向完美的方向发展。

组织中的每个人都希望看到自己对于组织成果的重要性，都希望由于自己的参与而使事情向积极方向发展的努力被认同。作为企业的管理者对于下属的努力作出积极的评价，哪怕只是不经意地提到，都会对下属工作的积极性产生极大的推动，在下属忠诚度的培养上，也会起不可估量的作用。

作为管理者要有意识地对下属的工作进行积极评价，不要等到工作结束、成果已出或年终审核的时候才对下属进行赞扬。如果你在工作中对下属的努力予以及时的肯定，对于下属的工作来讲实际上是一种额外的推动，在这种情绪的引导下，工作的最终成果可能会出现质的飞跃，激发下属对于企业的奉献精神。

要认识到金钱并非是惟一的赞赏方式。表达赞赏的方式有许多种，如可以直接说给个人听，也可以用评价信、报刊或杂志上的文章、奖励徽章及证书、一封电子邮件、共进工作餐、共度假期、赠送鲜花甚至小礼品，等等。当然，你的奖励要有创意，与众不同的东西会使得奖励更有意义。

集中企业全体人员召开表彰大会是一种认同，当然，这种赞扬也非常有效。我们在此强调的是，认同的形式并非仅此一种，私人感情化的认同也是卓有成效的。一个赞赏的眼神、一次善意的微笑、拍拍肩膀、伸出大拇指、一封E—mail，一张小小的便条、几句称赞的话语，都会使下属得到长期的激励。

作为管理者，赞赏下属是否发自真心，每个下属都能感受得到。切忌形式化的赞赏，你言不由衷带来的结果是还不如把这些话都省略掉了，它的影响是负面的。所以，聪明的经理对下属的赞赏永远是诚恳地、真实地、真诚地表现出来。

在企业中，有许多下属日复一日地做着一些“分内之事”而没有得到任何感谢。的确，“分内之事”是下属应当做的，这也是他们得到薪水的原因。但即使下属没有做出任何成绩，他也应当作为团队中有价值的成员而受到赞扬。在组织中有许多平凡岗位的下属，如前台接待、看门人、打字员、收发室的工作人员、园艺工人、保安、餐厅服务员、司机等，时不时地给他们以表扬，对于整个团队来讲，也会起着重要的精神激励作用。

对下属该大方时应大方

领导办事，贵在用人，而要用好人，则首先应给人以一些好处和利益。古今中外，用人而不予人利益就能办好事的则是很少见到。人世间任何一个人的进取精神和事业心，都是与某种利益相关联，或为立功，或为立言，或为财利，或为子孙之业，或为精神上的快乐。

“主将之法”在于揽英雄之心，其方法之一就是考虑人才的利益要求。《三略》中说：“夫用人之道，尊以爵，赡以财，则士自来。”意思是说：用人的方法，就是按功行责，有大功者封以爵位，以示其尊，以成其名；并给予财物以供养他，以济其生，以济其家。这样才能使能人志士无后顾之忧，无叛逆之心。所以兵书中总结说：“礼崇则智士至，禄重则义士轻死。”就是说，尊崇有才能的人，那么智谋双全之士就会投奔于你；俸禄优厚，忠义之士就会死命报效。所以在对待真正的能人贤才时，不要吝惜钱财，封赏有功之士，不要有意拖延，错过最佳时机。这样就能上下团结，办成大事。如果不考虑贤能人的利益要求，一味地只要他们奉献，这就犹如只要马儿跑，却不给马儿草料一样，久而久之，必然人心涣散，就会有背离之心，而无效命之恩。一般来说，志士仁人对于利益并不过分要求，所要求的多为处尊位、扬其名。但是不过分要求利益，并非不要利益。因为才智之士其才能所带来的利益是巨大的，有时候他们的一个策略、一次谋划，顶得上千军万马。所以尊之以爵，以显其名，赡之以利，以对其功，是用人的基本法则。

韩信攻下齐国后，派使者请刘邦封他为齐王，刘邦初不想封，谋士张良劝之，终于封为齐王，而刘邦最后借助韩信的军事才能而建立汉王朝。

曹操死后，曹丕代汉立魏，避于西蜀的刘备的下属官员于此时也劝刘备称帝，以重整旗鼓恢复汉室。但刘备觉得不妥，坚辞不从其说。后来诸葛亮来劝说，刘备则欣然同意。诸葛亮的说辞的主要的内容，就是许多将士追随刘备转战南北，不辞艰苦，目的就在于建功之后能立业，有尺寸之封。“天下英雄喁喁，冀有所望。如果你不就帝位，这些士大夫就会重寻明主，没有一个人敢于追随你了。”于是刘备听从诸葛亮之言，称帝而封功臣，赏斗士，人心安定。

能否很公正地封功臣，赏贤士，在于用士之人的眼光和心胸。吝啬的主子心胸狭窄，以为是自己开闯了事业，天下是他一人或一家的天下，生怕别人沾了他的光，仿佛别人给他干活是在吃他的闲饭，那他就只会让人卖命，而没有尺寸之封，无一两之赐。最后众散士离，落下他一个孤家寡人。项羽这个霸王就是如此。心胸开阔，气度非凡的人会认为天下是天下人的天下，事业是所有参与这项事业的人的事业。有这样心胸的人，才能与贤士能人共度患难，共享欢乐，分享胜利成果。而不会像越王勾践那样，只能共患难，不能共欢乐。也正是勾践有这样狭窄的心胸，大夫文仲冤死，范蠡隐遁，勾践失去了左膀右臂，最后骄纵而失国。

管理者不仅要把钱财花在人才身上，而且还要花在其他普通的职工身上。对职员过于吝啬的后果是很糟糕的。

日本麦当劳汉堡包店每年平均在职员身上花费1000万日元给东京荻洼卫生医院和警察医院，作为保留病床的基金。

当职员或其家属生病、发生意外时，可立刻住院接受治疗或者动手术。即使在星期天有了急病，也能马上送人指定医院，避免在多次转院途中因来不及施救而丧命。

近4年麦当劳的下属都不曾因病住院，那么每年1000万日元、4年共4000万日元的钱岂不是白花了？

但只要能让下属安心工作，对麦当劳来说就不会吃亏了。

麦当劳所采用的方法是全体下属及其家属都能得到一张诊断卡，可随时凭卡住院。

像这样处处为下属着想的企业机构，在日本算得上是绝无仅有。

日本麦当劳汉堡包店的信条是，为下属多花一点钱绝对值得。

给人才一个大舞台

重视人才应该从招聘时就开始。宝洁企业自己发展了一套衡量应聘者领导及解决问题的能力测试，面试过程具有目的性，并采取行为导向。应聘者过去的经历及成就将被检验，并找出下述能力的证明：领导、解决问题、优先顺序设定、主动性、事后追踪和团队合作的能力等。高级主管将提出招聘的结果，而相关改善方案也会持续地评估以后的招聘过程。

100%的内部提升。企业坚持100%的内部提升政策。内部提升可以培养长久性的下属。既然未来的管理层来自内部提升，企业必须聘用最好的人才，并协助他们进到最佳状态。

宝洁企业经理认识到自己的绩效与发展下属能力息息相关，所以协助下属成功是他们的职责。这是通过“工作和发展策划系统”来进行的，用于下属的提升、定薪。每个下属的“工作和发展策划系统”都有四个部分：前一年计划与结果相比：需要进一步成长和发展的领域；近期和长期的职业兴趣；下一年培训和发展计划。

在企业，发展下属潜能被认为是一件严肃的事情，而且是每个指导者的重要工作之一。每个下属都是管理者。宝洁在鼓励下属积极扮演管理者角色方面提供了很好的氛围。前任宝洁总裁认为：“别让下属感到被过度管理，应该将责任与决策下放到组织基层。”管理层提出需求，如缩短新产品上市时间，提高服务品质，积极开展多元化，并全权交给一线下属负责，由每个团队分工合作。

鼓励下属勇于担任管理者角色并不是所有主管可以对事业漠不关心。实际上，宝洁的主管花费许多时间深入事业的核心。比如，企业的高级主管需要经常拜访研发部门、生产部门并与消费者交谈。

完善的培训机制。宝洁认为，在职训练是最好的训练。宝洁将每天的经营活动视为学习和培训的源泉。每个部门都有自己的训练课程，比如，

品牌部门针对不同管理层级设计不同的课程和研讨会。此外，宝洁的下属可以在全球找到课程和研讨会的目录，他们只要向上级咨询并确认课程对个人发展是必要的，即可登记上课。

宝洁企业于1992年成立了宝洁学院，其宗旨在于将企业高级经理的经验及理念传授给其他年轻的下属，学院的教授来自企业的高级管理层，每年大约有4000名下属在宝洁学院接受培训。

最大财富是下属。宝洁企业在提高下属福利方面有悠久的历史。早在19世纪80年代宝洁首创了一周五天工作日及利润分享制，震惊了美国产业界，激励下属提高效率来抵销福利的成本。1998年5月，宝洁首创了全体下属享有下属认股选择权——不限于管理层。这样下属与企业的利益紧密相关，下属效率会自发提高并对宝洁企业实现长期目标提供保障。

留一个缺口给你的下属，会使下属拥有成就感。

留一个缺口给你的下属是一个很简单的道理，但是真正做起来却没有这么简单。在现实管理当中，作为一个管理者，要针对“缺口”所做的文章其实很多。

领导的最佳方式是上一级把握目标，下一级提供手段，而这一级的手段，又转化成更下一级的目标。

一位著名企业家在作报告，一位听众问：“你在事业上取得了巨大的成功，请问，对你来说，最重要的是什么？”

企业家没有直接回答，他拿起粉笔在黑板上画了一个圈，只是并没有画满，留下一个缺口。他反问道：“这是什么？”

“零？”“圈？”“未完成的事业？”“成功？”台下的听众七嘴八舌地答道。

他对这些回答未置可否：“其实，这只是一个未画完整的句号。你们问我为什么会取得辉煌的绩效，道理很简单，我不会把事情做得很圆满，就像画个句号，一定要留个缺口，让我的下属去填满它。”

台湾某电子企业获准在上海投资。一位MBA毕业生荣幸地被选作大陆方面的二把手。在企业落成典礼之后，按照行程，老总要接见各方面的人员。但是有一些重要的见面最终被取消了。当这位新人对老总提出建议的时候，老总拍拍他的肩膀说：那这件事就委托给你了。

果然，这位MBA带着这份重托信心十足地开始了行动。很快，在这种“不完美”的答案中，各位相关人士认识并且接受了这位年轻的新人。随后的工作，就变得水到渠成了。

留一个缺口给下属正是体现了一个重要的理论——“目标——手段”论。

领导的最佳方式是上一级把握目标，下一级提供手段，而这一级的手段，又转化成更下一级的目标。一个领导的过程，就是这样一个目标与手段传递的过程。

目前中国很多企业的老总都是第一代创业者。这些人就好比是当年的马上皇帝，自认为是文武全才，在各个方面都争强好胜，结果造成了拒人于千里之外的局面。

魏征在《谏太宗十思疏》中就曾经说道：惧满盈，则思江海下百川。有为人下的胸怀，才能吸引群贤毕至，以沧海的低位自居，才有“百川到海”的澎湃。

湖南某机顶盒企业老总刘某是一位很了不起的人物。作为20世纪70年代成都电子科技大学的毕业生，不乏优秀知识分子的智慧，而在商海中从餐饮业转战到IT销售再到房地产，然后是机顶盒OEM，每一步的成功都体现了他作为一个商战高手的勇气和魄力。这样一个人应该说有理由自信。但是过分的自信正逐渐让他的企业远离发展的轨道。

用他的话说，自己现在正“求贤若渴”，但是长久以来形成的习惯使得他很难在自己的工作中留下一个“缺口”让属下去完善。所以，刘总常常挂在嘴边的一句话就是：累，真的很累，没有值得信赖的属下。

可靠的属下往往不是招聘来的，而是培养出来的。没有机会锻炼，一个再好的人才也只能去纸上谈兵。即使谈得再好，在实战的时候，也会像赵括一样一败涂地。所以这个时候，留下一个“缺口”让属下去完善就显得尤为必要。

在放权的时候，有的领导会放心不下，惟恐下属会搞个“一佛出世，二佛生天”。所以常常偷偷监督或者越级调查，结果导致了下属工作难以展开。

另外，当你的下属在工作中出现缺口的时候，你会怎样看待呢？

其实在很多老板勇敢地为自己的工作留下缺口的时候，却很难宽容下属的工作留下缺口。尽管从理智上来说，他清楚地知道下属也需要通过这种方式获得领导力。

上一级留一些缺口，让下一级有介入的空间，往往是最实用的管理之道。

和人才做一次促膝交心会谈

当优秀人才提出辞职后，和他进行一次促膝交心式的会谈，是十分必要和有益的。通过交流，可以了解他们为什么离开以便采取相应对策及时挽留。即使未能留住，也可以帮助管理者发现企业许多隐藏的问题。

人才流失是令人痛惜的，管理者们在交流的时候，常常抱怨他们在网罗优秀人才的时候是如何的不易，而失去他们却又如同秋风吹落叶一样难以挽回。是同甘共苦之后期权的诱惑突然失效了吗？还是企业的薪资水平已经不再具有市场竞争力？或者企业的管理结构出现了某种可怕的惰性？或者企业的业务方向发生严重偏离以至前景堪忧？当优秀人才提出辞职时，企业领导人既感到突然，又会在脑袋里闪现出很多的问题，但是每个问题都不能确定。优秀人才的流失的确是令人痛惜的，但也促使管理者进行反省。如果能够弄清楚优秀人才出走的真正原因，或许是这种事件发生后的最大收获。优秀人才为什么选择离开？当优秀人才提出辞职后，和他进行一次促膝交心式的会谈，是十分必要和有益的。通过交流，可以了解他们为什么离开以便采取相应对策及时挽留。即使未能留住，也可以帮助管理者发现企业许多隐藏的问题。

优秀人才选择离开，一般可能有以下几种原因：

1．对薪资的心理抵触

对薪资待遇不能满意。对更高水平薪资待遇的追求，是优秀人才跳槽很常见的原因。这种情况的发生一方面可能是由于疏于薪资水平的市场调查，以至企业整体薪资水平失去竞争力。另一方面也可能企业内部人才评核机制出问题，不能有效地根据职员的个人能力及所承担工作的性质做出适应的薪资安排。

2．对工作的心理抵触

对所承担的工作有兴趣是最好的工作动力，具有挑战性并且能够充分发挥潜力，是众多优秀人才择业时重点考虑的因素之一。相反，一份枯燥乏味的工作，或者与兴趣相左的工作只能桎梏人的创造能力和消磨人的斗志，无论对企业还是对个人都是一种重大损失。

3. 对管理方式的心理抵触

对管理方式不满。企业的管理结构和管理方式是企业文化的重要组成成分。优良的管理文化，不应该压制下属的创造性，而应该鼓励下属去做新的尝试；优良的管理文化，不应该禁止下属自主决策，而应该强调效率；优良的管理文化，不应该对下属的成绩视而不见，而应该对这种成绩适时给予鼓励。但是大多数企业往往并非如此，它们机构设置复杂，工作人浮于事，官僚习气十足，办事效率低下。在这种环境下，一个优秀的人才是很难有展现才华的机会的，也不能得到经常的肯定。等待晋职的噩梦是如此之长，他们只好选择离开。

4. 对企业目标的心理抵触

对企业的目标缺乏认同。良好发展的企业应该具有非常清晰的短期与长期的目标，并且经常安排高层和普通下属参加聚会，以便通过这种交流，企业上下能够达成一致目标，并且逐渐取得共识，从而拧成一股绳、齐头并进。一个商业目标不确定的企业是很难留住人才的，除非它有足够的资金和实力，并且允许优秀人才参与制定企业的发展战略。

5. 对个人发展的心理抵触

缺乏个人成就感也是很多优秀下属辞职的原因之一，他们不能容忍总是默默耕耘却没有任何荣誉回报。荣誉对于每一个优秀下属来说，既是必要的酬劳，更是有效的激励，可以使他们以及他们的同事做得更好更出色。个人成就感可以来自很多方面，有晋职上的荣耀，有优越办公条件的气派，也有业务上的开创性和领先性，还有良好的社会反馈以及个人能力的逐步提升。常年从事单一的工作，或者总是为他人作嫁衣裳，缺乏与外界的交流，这种工作往往会使人们烦躁和情绪低落，从而萌生去意。

留人的四大基本功

俗话说得好：“人往高处走，水往低处流”，优秀人才都向往一个有利于发展、有利于创新、有利于符合实际的目标，有竞争力的企业。而能否聚拢这些人才并留住这些人才，就要看企业的领头人是否能够维护好企业自身的优势，这需要领头人的不断努力。

1. 用高薪来留人

“想多拿一点薪水”。这个想法是很正常的，人类的最基础的要求便是生活的保障。金钱不是对人才的唯一报酬，但却是企业肯定人才劳动的直接手段。在一定意义上讲，金钱本身对人才并不重要，重要的是金钱代表一个企业及社会和公众对一个人能力的评价。所以，用“高薪”留住人才是企业广泛采用并行之最有效的方法。“重赏之下必有勇夫”，企业是追求金钱的利益集团，招募和发掘人才也少不了金钱。管理者要搞好企业，吸引并留住人才，实行高薪制是理所应当的选择。

在这种情况没有改变之前，金钱无疑是对人才最有控制力的手段之一。

在看到了高薪带给企业的利益后管理者也应当考虑，什么样的薪资才算高薪，才是有竞争的而又合理的薪水，会使企业、个人都受益，因此判断薪水多少的问题，一定要多方考虑各种因素。

一般主要考虑以下三方面的因素：

一是下属创造的价值可得到企业、社会的承认；

二是薪水的多少要与社会普遍水平比较后得出；

三是奖金的分配坚持公正、公平原则。

2. 用情感来留人

管理者只有运用正确方法尊重理解下属，特别是远在基层的下属，才能激发基层干部的事业心、责任心。具体来说，有以下三点：

（1）用理解之心去引导下属，解除感情障碍

基层干部处于企业建设的前沿阵地和指挥终端，直接生活于下属中间，如果管理者对此不理解，动辄指责埋怨，就会使下属产生对立情绪，感到不顺心。

管理者理解下属，就要客观公正地肯定基层干部的辛劳，恰如其分地评价基层干部的功过。当下属有了成绩，要及时给予鼓励和表扬。当下属有了问题，帮助解决要实事求是，不以偏概全。评功授奖，不仅要坚持以实绩论高低，同时还要把辛苦程度、责任轻重联系起来。对机关、基层一样看待，公平选升。福利待遇，优先考虑基层干部。只有这样，才能使下属有奔头，有劲头。

（2）用尊重之情影响下属，解除各种羁绊

管理者要适当放权，避免“一杆子插到底”，包揽太多，管理太细、太滥，以免束缚了下属的手脚。该基层决定的事就大胆由下属处理。

（3）用实际行动关怀下属，解除后顾之忧

上司不能不知下属忧。上司要定期找下属拉拉家常，及时了解他们的工作、思想和生活方面的实际困难，尽力解除下属的后顾之忧。能解决的就尽力解决，不能解决或暂时不能解决的，只要领导出了力尽到心，把道理讲清，下属也会体谅上司的难处的。

只有理解人，才能尊重人，只有尊重人，才能关心人，只有关心人，才能取得人心。人心向背在很大程度上决定着管理者的成功与否。管理者既要获得上级赏识，又要赢得下属拥护，才会事事顺利，成就大业。只要做到以上三点，自然能留住人才。

3. 用事业来留人

“获利有三：垄断我无权，投机我无胆，创新求发展。”这是力帆集团董事长尹明善的座右铭。告诉了我们企业要生存就要创新发展。只有事业的蓬勃发展，方能聚集人气，有才能的人乐意同企业一道共同奋斗，求得富裕。俗话说得好：“人往高处走，水往低处流”，要留住优秀的人才，首先要打造一个有利于发展、有利于创新、有利于符合实际的目标，有竞争力的企业。企业的事业能否发展主要看企业的领头人是否能够维护好“家”，大家小家都是自己的“家”。在下属未来发展计划中，多数人都有成立自己企业的愿望。在企业中让下属的这种想法得到实践，就要使下属都有一种使命感，使下属感觉到自己在工作的同时，也是在做事业。

联想有今天的辉煌离不开众多优秀的人才，而使这些人才能留在联想，坚信联想，是有其重要原因的。

联想能给下属带来什么样的图景呢？

在旗帜的海洋里，一杆特大号的旗帜带领着一彪人马在铿锵而行。这杆大旗是民族工业的主流，是当今IT领域的主力军，加入这样的队伍自然会获得钦佩的目光；一个有着良好前景的企业，自然会吸引和激励着更多的人才投身其中。

柳传志看到了这一点，他也着重在这方面倾力打造联想的品牌，一有机会他就会在联想内外透露联想的“企图”：要进世界500强，要做中国的IBM！如此一来，自然会激励人才个个争先，奋勇向前。

柳传志的精神鼓舞着人才，联想的目标激励着人才。

联想日益强大，越“长”越像“中国的IBM”。不管“世界将会怎样”，更多的人才还不想“失去联想”。

不管联想提供了多少现金，多少股票，多大的房子，多好的车，相信会有别的企业比这更高。但别的企业或许没有联想如此强劲的“增值”潜力，人才都在“看涨”联想。因此，联想人都会感觉到工作是在创造历史，创造事业，一种崇高的理想更是激励下属的好方法。

4. 用困境来留人

企业在成长发展过程中，难免会遇到一些困难，甚至会陷入泥潭，这个时候企业会面临两方面的问题：一是效益滑坡，前景堪忧，二是人才大量流失，有的甚至到竞争对手旗下效力使企业蒙受更大损失，两个困境息息相关，也是一个恶性循环。所以企业一定要制止人才的流失，为企业东山再起，闯过难关做准备。

一般企业留人会有三个方面：即“待遇留人”、“事业留人”、“感情留人”。而对于陷入困境的企业来说，不具有提出诱人待遇的经济实力，下属对企业的前景也开始失去信心，“感情留人”也空洞无力，只有另辟蹊径，改变状况，才能在困境中留住人才。

（1）以“人情味”的福利代替高薪

制定具有竞争力的薪酬结构，充分调动下属的工作积极性，并在此基础上完善各项福利制度，远比单纯的高薪更加能留住真正的人才。遭遇挫折的企业千万不可乱了阵脚，在此时完善福利制度，正是稳定军心的关键。

企业可以提供给下属的福利除了劳动法规中规定的养老保险、医疗保险等以外，还有着丰富的内涵，可以渗透到下属生活与工作的方方面面。如改善下属伙食，开辟图书阅览室，组织短程旅游……为了满足下属日益增长的需求而制定长期的福利政策，更是下属求之不得的，如建立住房公积金、为下属增购各种商业保险等，都是笼络人才的高招。

（2）下属持股，共创事业

所谓的事业留人，归根结底，是希望下属将企业的发展视为自己的发展，将企业的前途当作自己的前途来拼，不仅同甘，还能共苦。要做到这一点，最行之有效的方式就是将下属的事业以股份的方式与企业的命运捆绑在一起。让下属拥有所在企业一定数额的股份，这样，即使当企业处于逆境时，下属们也会为了共同的利益而拧成一股绳，共渡难关。

企业鼓励下属持有企业股份，每一年都根据上一年的利润分给下属股份。在企业高层领导看来，企业是属于每个雇员的，每个下属都有所有权，下属不再是一个纯粹的打工者，而应成为企业的所有者之一。下属股份制使下属将自己的利益与企业的利益联系在一起，在心里上体验做主人翁的感受，从而满足下属共享企业成功的渴望。如果在这个基础上，还能定期告知企业的经营状况并让下属拥有对企业的经营施加影响的机会、有机会分享企业的部分决策权，下属才会对工作更加满意，更有干劲。

事实证明，下属持股是一种最为有效的下属激励方式，对企业经济效益的提升有着不可忽略的作用。尽管下属持股的形式多种多样，但是不管以哪种形式出现，都将实现企业财产内部化，全体下属拥有企业的产权会使下属像关注自己的前途一样关注企业的前途，并产生更高的效率。

（3）“任命于危难之中”的信赖

感情留人是中国特色的留人之道，中国知识分子历来有“士为知己者死”的传统观念。在市场经济环境下，单位和领导的关怀往往会起到意想不到的作用。如果在企业中营造一种积极向上、团结和谐的人际关系和工作环境，建设以人为本的具有向心力和凝聚力的企业文化，增强大家对企业的感情和归属感，就能使广大下属真正感受到大家庭的温暖，从而激发工作的热忱，创出优良的绩效。

留人的根本是产生“归宿感”

对于大多数企业管理者来说，留住人才是他们的重要任务之一。但对于下属来说，有时金钱并不是作出选择的唯一条件，工作环境的温馨，工作伙伴的熟悉，工作配合的默契，都对一个人的工作心理状态有影响。其实，每一个人都需要归宿感，让下属拥有归宿感是留住人才的重要原则之一，下面让我们来看看微软、美国西南航空的做法吧。

美国微软企业是IT行业的精英人才库，它的成功固然有多方面的经验可以总结，但就其对内部下属的民主化和人性化管理来说，一个不同于其他企业的特色是企业为了方便下属之间以及上下级之间的沟通，专门建立了四通八达的企业“内部电子邮件系统”，每个下属都有自己独立的电子信箱，上至比尔·盖茨，下到每一个下属的邮箱代码都是公开的，无一例外。

作为微软的下属，无论你在什么地方、什么时间，根本用不着秘书的安排，就可以通过这一“内部电子邮件系统”和在世界任何一个地方的包括比尔·盖茨在内的任何一个成员进行联系与交谈。这个系统使下属深深体验到一种真正的民主氛围。

微软的下属认为，“内部电子邮件系统”是一种最直接、最方便、最迅速、也最能体现尊重人性的工作沟通方式。通过“内部电子邮件系统”，除了上层对下层布置工作任务，下属们彼此之间相互沟通，传递消息外，最重要的是下属可以方便地使用它对企业上层，甚至最高当局提出个人的意见和建议。

微软的“内部电子邮件系统”为企业下属和上下级的交流提供了最大的方便，为消除彼此间的隔阂，保持人际关系的和谐畅通了渠道，为拴住人心、留住人才发挥了极大的作用。

美国西南航空企业在激烈的人才争夺战中，用独树一帜的“最佳雇主品牌形象”吸引和留住了符合企业核心价值观的下属。

“最佳雇主品牌形象”是企业对下属做出的一种价值承诺，一种与客户服务品牌同等重要的内部品牌。在2000年，美国西南航空公司的每一位下属都收到了一份包括保健、财务保障、学习与发展、变革、旅行、联络、工作与休闲、娱乐等八项的自由“个人飞行计划”。该计划将“最佳雇主品牌形象”通过警句的形式传达给广大下属：“西南航空，自由从我开始”。

美国西南航空公司认为每一位下属都是实现自由承诺的要素。他们通过建立“最佳雇主”的内部品牌来激励下属，为下属提供充分的自由，不仅使下属与企业之间产生了强大的亲和力，而且有效地激发了下属创造优质客户服务品牌的热情。该企业下属福利与薪酬总监说：“我们希望通过自由承诺进一步加强优秀人才的敬业精神，‘优秀雇主’这一称号使我们在吸引和留用优秀人才方面获得了更大的竞争优势。”

因此，高薪并不能买得到下属的永久性忠诚，唯有情感的投入才能让下属无法抗拒企业巨大的磁力。

第8章

纪律团队，用制度管理他人

企业的日常运营都必须遵循严格的制度，包括采取的行为及应负的责任、高绩效、对个人及工作的尊重。

将下属的思想统一起来

日本松下企业是一家充满活力的企业，它之所以能获得成功，一个重要的因素就是“精神价值观”在无形中起着重要作用。松下幸之助规定企业的原则是：“认真企业家的责任，鼓励进步，促进全社会的福利，致力于世界文化的进一步发展。”松下企业给下属规定的信条：进步和发展只有通过企业每个人的共同努力和合作才能实现。松下幸之助的“精神价值观”是：通过企业为国家服务；公平；和谐与合作；力求进步；礼貌与谦虚；互相适应与同化；感谢。

“Panasonic”是松下企业电器的商标，然而更是松下企业的象征，松下幸之助的管理哲学，强调的不仅是产品，而且是“创造产品的人”。他以“训练和职工发展”七个字为指导方针，来训练具有高度生产力与技能的工人。前几年由于受世界经济衰退的影响。松下集团在新加坡开设的企业销售下降，生产减少，即使在这种情况下企业没有裁减一名工人，而是加强对工人的培训，不惜花费近30万日元开办了广泛综合的教育与业务训练，先后有1300名人员参加。通过训练，提高了工人们的生产技术，同时使人感到企业在困难时期能与工人同舟共济，从而加深了工人对企业的感情。

与此同时，松下企业十分注重感情投资和感情激励，值得一提的是他们的“送红包”，当你完成一项重大技术革新、当你的一条建议为企业带来更大效益的时候，领导会不惜代价地重赏你。松下企业建立的“提案奖金制度”更是很有特色，每年职工提案达60多万条，其中被采纳的6万多条，约占10%，每年用于职工提案奖金达30多万美元。而逢年过节，或者厂庆，或是职工婚嫁，厂长经理们都会慷慨解囊，请下属赴宴或上门贺喜、在餐席上慰问，上级和下属可尽情唠家常，谈时事，提建议，气氛和睦融洽，它的效果远比站在讲台上向下属发号施令好得多，久而久之，在

松下企业就形成了上下一心，和谐相容的“家庭式”氛围。

塑造企业共通价值观是企业精神文化建设的核心，是企业文化建设的最高境界，也是衡量企业文化建设成功与否的关键。许多单位企业文化建设深入不下去，往往是在精神文化建设环节出了问题，在塑造企业共同价值观上碰到了难题。

试想，在一个任人唯亲、分配不公、腐败横生、前景黯淡的企业环境里，教育职工信奉企业精神，认同企业价值观，岂不成了天方夜谭?

在企业中营造“大家庭理念”

通用电气公司前总裁斯通就努力培养全体职工的“大家庭感情”的企业文化，企业领导和职工都要对该企业特有的文化身体力行，爱厂如家。从企业的最高领导到各级领导都实行“门户开放”政策，欢迎本厂职工随时进入他们的办公室反映情况，并能负责地妥善处理职工的来信来访。

企业的最高首脑与全体职工每年至少举办一次生动活泼的“自由讨论”。通用企业像一个和睦、奋进的“大家庭”，从上到下直呼其名，无尊卑之分，互相尊重，彼此信赖，人与人之间关系融洽、亲切。

1990年2月，通用公司的机械工程师伯涅特在领工资时，发现少了30美元，这是他一次加班应得的加班费。为此，他找到顶头上司，而上司却无能为力，于是他便给企业总裁斯通写信，“我们总是碰到令人头痛的报酬问题。这已使一大批优秀人才感到失望了。”斯通立即责成最高管理部门妥善处理此事。

三天之后，他们补发了伯涅特的工资，事情似乎可以结束了，但他们利用这件为职工补发工资的小事大做文章。第一是向伯涅特道歉；第二是在这件事情的推动下，了解那些“优秀人才”待遇较低的问题，调整了工资政策，提高了机械工程师的加班费；第三，向著名的《华尔街日报》披露这一事件的全过程，在美国企业界引起了不小轰动。

事情虽小，却能反映出通用企业的“大家庭观念”，反映了下属与企业之间的充分信任。

组织气氛的建设是世界上难度很高的一项工程，不要简单理解为“主管请下属吃吃饭，下属主动与主管拉关系”，它需要主管、下属建立在自然诚信的基础上，一个足够的时间过程，经过烈火磨炼，一段崎岖不平道路的跋涉，高压竞争环境的“锻造”，在融合组织内外知识经验的基础上，在外界势力共同作用下，形成共同美好的愿景，简明有效的组织构架、流程规范制度，自然的沟通交流学习习惯，公正的考核激励措施，团队组织具有强大的感召力和凝聚力，领导及成员乐意为团队牺牲个人利益，每个成员都以身为组织一员而感到自豪。这样的团队才具有旺盛的生命力和爆发力。

工作中用一个有“聊天会”

印度的软件开发水平是世界一流的，而其开发团队的气氛与其软件一切水平一样是业界的典范。从项目开发的需求分析、概要设计、详细设计到编码，从单元测试到系统测试，每一个开发环节都体现出他们高标准的职业素养，在这个业界高标职业素养背后，必定存在着高质量的团队组织氛围，从工作到生活。

印度开发团队工作期间，经常有三五成群聚在一起的现象，喝杯浓茶，抽支香烟，聊上几句，聊天的内容可以扩展至工作之外，看起来有些懒散；这已经成为一种习惯，而且每天都要花费十几分钟的时间，手头的工作、脑中的思路都暂时抛在一边。这种现象与中国一些企业下属持续埋头苦干，即使到了头晕眼花的地步也绝不离开办公桌半步的景象极不协调。

每个印度开发项目组每天都会有这样一个时间，有的项目组把这个时间叫“品茶间歇”。按照常规，下属们即使要加班至深夜，也仍然有“品茶间歇”。开发项目组是一个团队，只有经常及时沟通才能够在工作中达成默契；项目开发是一项脑力劳动，工作中要有必要的休息，才能保证开发人员的工作效率和正确率。有了“品茶间歇”既可以进行“及时沟通”，也可以进行“必要的休息”，两全其美，事倍功半。

印度开发人员重视交流和沟通不仅表现在项目组内部，而且也表现在外部，如与合作伙伴（客户、周边项目组等）就项目及进行接口协议方面的讨论沟通，一遍一遍不厌其烦，直至满足客户需求，与周边模块接口正确为止。

周末一些印度人在一家小餐馆相聚，大家围坐一起。几碟小菜，稍许酒水，没有工作，没有级别……大家愉快轻松交谈着，主管一改平日的领导风范，如好朋友一样与下属一起参与享受这聚会的乐趣；每个人都尽兴地唱着跳着……

这周末聚会并不只是泄释寂寞的方式，而是一种调节组织氛围的重要手段。通过交谈彼此知道各自的特点：谁最会唱歌，谁最会跳舞，谁最能喝酒，及其工作生活习惯等；如此可以增加组织成员相互之间的了解，从而减少工作中不必要的误会。

快乐的心情、融洽的工作氛围对于组织成员来说是至关重要的，尤其是项目开发团队。

在团队中始终强调组织行为

有这样一个实验：一副扑克牌（牌面上有各种漂亮的图案），把在场的许多人分成两组，请A组每人从中选取自以为最好看的两张；请B组每人选取两张红桃，并对点数作了明确的要求。最后，请两组人员把牌亮出来。于是，出现了下面的结果：

A组：黑桃2，方块A，黑桃8，梅花1，红桃3……

B组：红桃A，红桃K，红桃1，红桃J，红桃10……

两组的结果是完全不同的，A组是一副杂牌，B组却是一手红桃同花顺。为什么会这样呢？这是因为，对于A组没有明确的指令，所以A组的人都是按照各自不同的审美观念来选牌。我们不必评判他们的选择孰优孰劣，但很显然，他们每个人的做法都是一种个人行为。个人行为与个人行为混合在一起成“乌合之众”。再看看B组，清一色的同花顺，这才是组织行为。

领导不可能拿一副杂牌去打败对手的同花顺。所谓“世有三亡，以邪攻正者亡，以逆攻顺者亡，以乱攻治者亡”。企业处于A组状态，不是下属的过错，而是决策层有问题。如果想要得到一副同花顺，必须达到两个条件：第一，决策层一定要思路清晰；第二，要给下属发出明确的指令。否则，下属们要么茫然失措，要么自行其是，就像刚才的游戏一样，形成一手杂牌。

修路，而不是管理人

约翰和亨利到一家企业联系业务。这家企业的办公室在一幢豪华写字楼里，落地玻璃门窗，非常气派。可是，由于玻璃过于透明，许多来访客人因不留意，头撞在高大明亮的玻璃大门上。不到一刻钟，竟然有两位客人在同一个地方头撞玻璃。

亨利忍不住笑了，对约翰说："这些人也真是的。走起路来，这么大的玻璃居然看不见。眼睛到哪里去了？"

约翰并不赞同亨利的说法，他说："真正愚蠢的不是撞玻璃门的客人，而是设计者。如果不同的人在同一个地方犯错误，那就证明这个地方确实存在缺陷。应该考虑怎么修正缺陷，而不是嘲笑那些犯错误的人。"

亨利于是向该家企业的经理提了意见，在这扇门上贴上一根横标志线，从此再没有来访客人撞到玻璃门了。

这个故事涉及到"修路原则"，即当一个人在同一个地方出现两次以上同样的差错，或者，两个以上不同的人在同一个地方出现同一差错，那一定不是人有问题，而是这条让他们出差错的"路"有问题。此时，人作为问题的领导，最重要的工作不是管人——要求他不要重犯错误，而是修"路"。管理进步最快的方法之一就是：每次完善一点点，每天进步一点点，每个人每一次都能因不断修"路"而进步一点点。

"修路"理论告诉我们，领导的核心职责是：修路，而不是管理人。

找到一个最公平的法规来管理

从前，有个老公公带着孙子，牵着一头驴子，准备进人市场去卖掉。

走了一段路，那位老公公听到有个路人说："这爷俩，放着驴子不骑，真是傻瓜"两人听后觉得有道理。爷孙两人便一起骑上驴背，继续行程。

走了不久，又遇到一个路人，那路人指着他们说："这爷俩真是没人性，两个人骑驴，都快把驴给压死了。"

听路人这么一说，那老公公觉得有道理，赶忙下来，让孙子一人骑在驴背上，自己牵着驴子步行。

过了不久，经过一间旅馆，旅馆外站着一个老太太。那老太太说道："这是什么世道啊，这个小孩这样不懂事，自己享受，让老人家走路。"

老人听了，觉得老太太说得很有道理，便吩咐孙子下来，他自己骑上驴背。走着走着，来到一条热闹的街坊。那里有三五个妇女对着他们指指点点："唉，这个老人怎么这么没有爱心，自己享受，让小孩受苦。真是不知羞耻。"

听后，那老人脸红了。

"这也不是，那也不是，到底怎样才是对的呢"

最后，那爷孙二人向人们借了一条大绳和一根长棍，将驴四脚绑上，用长棍抬到市场上去了。

要使每一个人满意是不可能的事。对于企业法规的制定者来说，重要的是找到一个最公平的法规，而不是取悦每一个人。

人人都要明白的“破窗理论”

美国斯坦福大学心理学家詹巴斗曾做过这样一项试验：他找来两辆一模一样的汽车，一辆停在比较杂乱的街区，一辆停在中产阶级社区。他把停在杂乱街区的那一辆的车牌摘掉，顶棚打开，结果一天之内就被人偷走了。而摆在中产阶级社区的那一辆过了一个星期也安然无恙。后来，詹巴斗用锤子把这辆车的玻璃敲了个大洞，结果，仅仅过了几个小时，它就不见了。

后来，政治学家威尔逊和犯罪学家凯琳依托这项试验，提出了一个“破窗理论”。这一理论认为：如果有人打坏了一个建筑物的窗户玻璃，而这扇窗户又未得到及时维修，别人就可能受到暗示性的纵容去打烂更多的窗户玻璃。久而久之，这些破窗户就给人造成一种无序的感觉。那么在这种公众麻木不仁的氛围中，犯罪就会滋生、蔓延。

“破窗理论”在社会管理和企业管理中都有着重要的借鉴意义，它给我们的启示是：必须及时修好“第一个被打碎的窗户玻璃”。

“破窗理论”运用到企业中就是对于影响深远的“小过错”，要“小题大做”地去处理，从防止“千里之堤，溃于蚁穴。”此外，要鼓励、奖励“补窗”行为。不以“破窗”为理由而同流合污，反以“补窗”为善举而亡羊补牢。

出现问题要第一时间解决

为什么要强调这个问题呢？首先我们来看一下下面的故事：

扁鹊是我国古代的名医，被人尊为“医仙”。他不仅医术高明，为人还十分谦虚。

魏文王曾经问扁鹊说：“你们家弟兄三人，都精通医术，那你认为哪一位医术最高明呢？”

扁鹊毫不犹豫地说：“我大哥的医术最高明，其次是我二哥，医术最不济的是我。”

文王对扁鹊的回答很吃惊，他满以为扁鹊会拍着胸脯说：“是我。”

文王于是问：“那为什么你最有名呢？”

扁鹊回答说：“我大哥是在病人有隐患但还没发病前治病。由于一般人不知道他事先能铲除病因，也很少有人在发病前就看病，所以他的名气无法传出去，只有我们家的人才知道。我二哥是在病人的病情刚发展起来的时候治病。一般人以为他只能治轻微的小病，所以他只是在乡里有名气。而我是在病人病情严重的时候治病。一般人都看到我在经脉上穿针管来放血、在皮肤上敷药等大手术，所以以为我的医术高明，名气因此响遍全国。”

文王说：“你说得好极了。”

企业在经营和管理中面临着各种各样的风险，控制越晚，损失越大。事后控制不如事中控制，事中控制不如事前控制，可惜大多数的经营者均未能体会到这一点，等到错误的决策造成了重大的损失才寻求弥补，有时是亡羊补牢，为时已晚。

制度的作用在于引导别人

联想集团有个规矩，凡开会迟到者都要罚站。在媒体的一次采访中，柳传志表示：我也被罚过三次。

他描述说：企业规定，如果不请假而迟到就一定要罚站。但是这三次，都是我在无法请假的情况下发生的，比如：有一次被关在电梯里边。罚站的时候是挺严肃，而且是很尴尬的一件事情，因为这并不是随便站着就可以敷衍了事的。在20个人开会的时候，迟到的人进来以后会议要停一下，静默看他站一分钟，有点儿像默哀，真是挺难受的一件事情，尤其是在大的会场，会采用通报的方式。第一个罚站的人是我的一个老领导。他罚站的时候，站了一身汗，我坐了一身汗。后来我跟他说："今天晚上我到你们家去，给你站一分钟。"不好做，但是也就这么硬做下来了。

据说在联想被罚过站的人不计其数，还能说明这个制度的有效性吗？柳传志非常肯定地回答：当然有效，而且非常有效。在不计其数以后，出了问题就要受罚的观念就深入人心了。并且不管谁犯了错误都会受罚，公平感才会产生，你的团队才会精神百倍。

击败潜在的“关系网”

“关系网”这一名词，早已为中国人所熟悉，然而“关系网”的现象并非中国所独有。英国的劳埃德保险企业内也存在着不正常的“关系网”。“关系网”的存在使有关系者渔利妄为；而无关系者承担可能有巨大损失的保险项目。同时，“关系网”使得其内部的投资者大获其利，而“关系网”外的投资者深受其害，大大损伤了一些正当的投资者的利益。

劳埃德企业历史悠久，人员众多，为“关系网”的形成和发展提供了条件。20世纪70年代后，该企业的规模又扩大了三倍，内部的贪污和舞弊行为激增，这是老一辈人连想都不敢想的。《经济学家》周刊曾透露这样一条消息：劳埃德企业15年来被保险商和经济人以种种无法追查的手段窃取了5亿美元左右的财富，而2万多投资者遭受此种损失却无计可施。一些海运业保险投资者已经损失了相当于他们投资额的三倍的财富，而某些人的年盈利率则高达56%。1982年的豪顿事件使劳埃德企业内部的贪污事件大白于天下。劳埃德企业声誉顿下，企业的高层领导极为恼怒，当即下令辞掉豪顿经纪企业的五个主管人员，有关经理也受到应得的惩罚。同时，经过进一步的追查，劳埃德的另几家联合体也牵涉在内。可见，劳埃德的“关系网”弊病有多深。

劳埃德企业的总经理戴维森下定决心要整顿内部，强化财务规章制度。企业的头一项措施就是进行严明的分工，以取代非正常的“关系网”，同时相应地建立具有革新意义的内部规章制度，并且严格验定保密制度、责任制度、偿付能力。今天的劳埃德企业采用了现代化的经营管理方式，力图冲破内部的各种阻力，使企业摆脱内部“关系网”的困扰和豪顿事件的负面影响，使企业的庞大的保险业务获得生机。但是戴维森认为，这只是改革的第一阶段，下一步的任务是起诉保险商和联合组织的一些经理人，让他们为其非法行为承担刑事责任。

他强调，在企业内部想浑水摸鱼的人，必将受到严惩。当然劳埃德企业要在第一阶段有个结论后才进行下一步的诉讼。英国的一些报刊评论道：“劳埃德还不能松一口气”，“照到这个企业的阳光，究竟能否强到足以消除十几年来业已形成的滥用职权的恶习，这不能不令人怀疑……”但是，戴维森对改革充满信心。很多人也相信，只要有战胜厄运的勇气和信心，开拓创新，耐心、细致地分析经济形势，找出自身具有的和潜在的优势，并且采用各种有效的补救措施，劳埃德企业一定能摆脱困境，重振昔日的雄风。

第9章

监督团队，
加强绩效考核

业绩是管理者取得成就的首要要求。

绩效管理是一种提前投资

绩效管理是什么？绩效管理是一个持续的交流过程，该过程是由下属和他们的直接领导之间达成的协议保证完成，并在协议中对下面有关的问题提出明确的要求和规定：下属完成的实质性的工作职责，下属的工作对单位目标实现的影响，以明确的条款说明“工作完成得好”是什么意思，下属和领导之间应如何共同努力以维持、完善和提高下属的绩效，工作绩效如何衡量，指明影响绩效的障碍并排除之。所以说，绩效管理是一种让你的下属完成他们工作的提前投资。

绩效管理可以达到以下目标：使你不必介入到所有正在进行的各种事务中；通过赋予下属必要的知识来帮助他们进行合理的自我决策，从而节省你的时间；减少下属之间因职责不明而产生的误解；减少出现当你需要信息时没有信息的局面；通过帮助下属找到错误和低效率原因的手段来减少错误和差错。

概括起来，绩效管理是一种让你的下属完成他们工作的提前投资。通过绩效管理，下属们将知道你希望他们做什么，可以做什么样的决策，必须把工作干到什么样的地步，何时你必须介入。这将允许你去完成只有你才能完成的工作，从而节省你的时间。

绩效管理可以解决这些问题：它要求定期举行提高工作质量的座谈会，从而使下属得到有关他们工作绩效和工作现状的反馈。有了定期的交流，到年底时他们就不会再吃惊。由于绩效管理能帮助下属搞清楚他们应该做什么和为什么要这样做，因此它能够让下属了解到自己的权力大小——进行日常决策的能力。

总之，下属将会因为对工作及工作职责有更好的理解而受益，如果他们知道自己的工作职责范围，他们将会在其中尽情地发挥。

然而，为什么如此多的人回避绩效管理工作呢？为什么回避绩效管理？没有时间吗？

对上一问题的回答之一是没有时间。确实，绩效管理需要时间。但是当领导以没有时间为托词时，他们对绩效管理能回报什么没有搞清楚。对绩效管理的一个普遍的误解是认为它是“事后”讨论，目的是抓住那些犯过的错误和绩效低下的问题。这实际上不是绩效管理的核心。它不是以反光镜的形式来找你的不足，它是为了防止问题发生，找出通向成功的障碍，以免日后付出更大的代价。

这就意味着绩效管理可以节省时间。因为当下属们不知道他们应该做什么、何时做和如何更好地做时，他们自然就可能将领导拖进本来他们自己可以处理的事务当中。或者当下属们自认为清楚应该做某事而实际并不清楚时，他们可能就会犯错误。一旦当下属们决策失误，就等于放了一把需要领导人员介入的小火（或大火）。这些常常是要花掉领导人员大量时间的地方，即介入到本来不需要处理的事务当中进行救火。

绩效管理就是一种防止问题发生的时间投资，它将保证你有时间去做你自己应该做的事。领导们之所以说绩效管理有困难，是因为他们害怕下属反击，从而将这个过程搞得很尴尬。确实，有时会发生这种情况，但并不常见，也不应该常见。原因是：当下属认识到绩效管理是一种帮助而不是责备的过程时，他们会更加合作和坦诚相处。有关绩效的讨论不应仅仅局限于领导评判下属，应该鼓励下属自我评价以及相互交流双方对绩效的看法，如果领导认为绩效管理仅仅是他们对下属要做的事，那么冲突将不可避免，反过来，如果看成是双方的一种合作过程，将会减少冲突，绩效管理不是讨论绩效低下的问题，而是讨论成就、成功和进步的问题，重点放在这三方面时，冲突将减少，因为这时下属和领导是站在同一边的，发生冲突和尴尬的情况常常是因为领导在问题变得严重之前没有及时处理，问题发现得越早，越有利于问题的解决。

在某些特殊的情况下，领导有必要观察一下下属的工作。但在大多数情况下，你的角色不是去评判他们，而是去帮助他们评价自己的工作。你不必总是监视他们，你也不需要掌握所有的答案。你可以和你的下属一起共同找出答案。

绩效计划常常是下属和领导开始绩效管理过程的起点。领导和下属一起讨论，以搞清楚在计划期内下属应该做什么工作，做到什么地步，为什么要做这项工作，何时应做完，以及其他的具体内容，如下属权力大小和决策级别等。通常绩效计划都是做一年期的，但在年中也可以修订。

绩效计划过程结束后，领导和下属应该能以同样的答案回答下列问题：下属本年度的主要职责是什么？我们如何判别下属是否取得了成功？如果一切顺利的话，下属应该何时完成这些职责（例如，对某一个特定的项目而言）？下属完成任务时有哪些权利？哪些工作职责是最重要的以及哪些是次要的？下属工作的好坏对部门和单位有什么影响？下属为什么要从事他做的那份工作？领导如何才能帮助下属完成他的工作？领导和下属应如何克服障碍？下属是否需要学习新技能以确保完成任务？

绩效沟通就是一个双方追踪进展情况、找到影响绩效的障碍以及得到使双方成功所需信息的过程。持续的绩效沟通能保证领导和下属共同努力以避免出现问题，或及时处理出现的问题，修订工作职责，因为这些问题在许多工作单位都会发生。

常用的方法：每月或每周同每名下属进行一次简短的情况通气；定期召开小组会，让每位下属汇报他完成任务和工作的情况；每位下属定期进行简短的书面报告；非正式的沟通（例如，领导到处走动并同每位下属聊天）；当出现问题时，根据下属的要求进行专门的沟通。

绩效评价：如果你做的全部就是绩效评价，也就是说没有做计划、没有持续的沟通、没有收集数据和分析问题，那么你就是在浪费时间。绩效评价不仅仅是评估工作，它也是一个解决问题的机会。

如果发现了某种问题，不管是某一位下属没有达到议定的目标，还是一个部门没有完成任务，最重要的工作就是找到原因。不找到原因，我们怎么能阻止它再次发生呢？例如，某下属的几个指标没有完成，可能是多种原因造成的。是技术水平不够，工作不够努力，还是没有组织好？有时也许同下属本人没有任何关系。会不会是组织内部有人不提供必需的资源？会不会是缺少原材料？会不会领导本人都不清楚应该做什么？因此，问题分析非常重要，而且它应该渗透到绩效管理整个过程中的每个环节中。

管理方法是基础

概括起来，绩效管理是一种帮助下属完成他们工作的管理手段。通过绩效管理，下属们可以知道上级希望他们做什么，自己可以做什么样的决策，必须把工作干到什么样的地步，何时上级必须介入，从而为领导节省时间。

在绩效考核制度的实施过程中，企业管理与人力资源中心在考核中设立了三级考核体系，使被考核人由直接领导进行考核，同时又受到间接领导和企业管理与人力资源中心的双重审核监督；并且整个执行过程是一个被考核人始终与上级领导相互沟通，上下级之间相互交换意见的过程。除此之外，企业管理与人力资源中心又建立了严格的投诉制度，为绩效考核管理的客观公正提供了进一步的保障。

考核制度自推广实施以来，取得了显著的效果。一方面，下属个人对集团企业、本部门以及个人的工作目标都有了清楚的认识，从而使工作职责更加清楚，工作重点更加突出，改变了以前职责不清、重点不明的状况，提高了个人的工作效率和绩效，促进了整体绩效的提高。另一方面，管理者也清楚了在哪些方面应该给下属必要的指导、在哪些方面应该下放职权、让下属充分发挥自己的才能，出色地完成本职工作，从而使管理者有更多的时间和精力来做好整体协调与指挥工作。

在执行过程中，一部分下属对绩效管理有疑问和误解。例如：绩效考核是不是就是简单填表、交表？绩效考核是不是就是为了找下属的不足与缺陷？绩效管理到底是什么，又不是什么？

绩效管理是一个持续的沟通过程。这个过程是通过下属和他或她的上级之间达成的绩效目标协议来保证完成的。绩效管理对下属既定的工作职责，下属的工作对企业实现目标的影响，下属和上级之间应如何共同努力以维持、完善和提高下属的绩效，工作绩效如何衡量，如何排除影响绩效的障碍等方面有明确的要求和规定。

关键的一点是，绩效管理工作是上级与下属一起完成的，并且最好是以共同合作的方式来完成。因为它对下属本身、上级和组织都有益。绩效管理是一种防止绩效不佳和共同提高绩效的工具，它意味着上级同下属之间持续的双向沟通，其中包括听和说两个方面，它是两个人共同学习和提高的过程。因此，整个绩效考核的一个核心工作就是沟通。

绩效管理绝对不是经理对下属的单向工作，也绝对不是迫使下属更好或更努力工作的棍棒，更绝对不是只在绩效低下时才使用的惩罚工具。它是两方面持续的沟通过程——这才是关键点。

另一方面，既然绩效管理是一个与下属合作完成的过程，那么它对下属又有什么益处呢?

经理在工作中有诸多烦恼，下属在工作中也有很多烦恼：他们不了解自己是工作得好还是不好；不知道自己有什么样的权力；工作完成很好时没有得到认可；没有机会学习新技能；自己不能作任何简单的决策；缺乏完成工作所需要的资源，等等。

绩效管理可以解决这些问题。它要求定期举行提高工作质量的座谈，能使下属得到有关他们工作绩效情况和工作现状的反馈。有了定期的交流，他们对于自己得到的考核就会非常清楚。而且，由于绩效管理能帮助下属搞清楚他们应该做什么和为什么要这样做，因此它能够让下属了解到自己的权力大小——进行日常决策的能力，从而大大提高工作效率。

总的来说，绩效管理作为一个有效的管理工具，它提供的绝对不仅仅是一个奖罚手段。它更重要的意义在于为企业提供了一个信号，一个促进工作改进和绩效提高的信号。

绩效辅导是手段

有位哲人说过：存在就是合理的。然而，存在的“合理性”，并不能解决现实的不合理性，我们发现在规则的制定和执行之间，仍然存在着巨大的弹性空间，这是我们无法回避的现实。在执行的过程只提及绩效考核，而忽视了绩效管理的整个过程，实际上绩效评价只是管理的一部分。如果只做绩效评估而忽略绩效管理的其他环节，面临的将是失败。

不应该用创业初传统人事管理的模糊评价模式来继续考核今天的下属绩效，还期望带领他们走入未来与世界接轨。面对严格的绩效管理，很多下属从意识、态度和行为上并没有作好准备。绩效意味着什么？意味着工作量和工作的质量，意味着下属对于企业的价值。反过来就是，当不符合这种价值时，该下属就不符合企业的需要。为了避免这个变革过程中下属对企业管理制度的抵触，特别对国内企业来说，更应该建立一种新的企业文化观念，即不光要有严格的考核，还要实施“绩效辅导”的弹性管理。

所有的指标，只有能被衡量的，才能被管理。绩效管理的目的在于使人的行为量化而达到管理的目的。使平凡的人做出不平凡的事！是一种让下属完成他们工作的提前投资。通过绩效管理，下属们将知道领导希望他们做什么，可以做什么样的决策，必须把工作干到什么样的地步，领导何时必须介入。所以，绩效管理的前提是“绩效辅导”。“绩效辅导”是避免下属走进自己认识和能动性误区的关键，也是企业对下属的“提前投资”。

绩效考核不能解决下属执行能力的全部问题：它要求定期按照任务和目标实施监督和考核，从而使下属得到有关他们工作绩效和工作现状的反馈，这就是周报和月报的作用。处罚，对于下属遵守基本纪律有一定约束作用，而处罚的结果却并不能直接提高绩效。执行力，更多的是来自于“绩效辅导”。

“绩效辅导”才是提高执行力的关键。管理者要学会做教练。教练就是培训下属的执行能力。执行能力就是帮助团队和下属具备处理危机和实现成就的正确意识和方法，提供条件和工具，以帮助下属达到绩效。有了绩效的辅导，有了定期的交流和培训，到年底他们就不会再吃惊，而心服口服。由于“绩效辅导”能帮助下属搞清楚他们应该做什么和怎样做，因此它能够让下属了解自己的权利大小——企业需要的劳动量和劳动价值。总之，下属将会因为对工作及工作职责有更好的理解而受益。他们将会从领导的“绩效辅导”中受益，主动投人到创造性的工作中，而不认为他只是在为领导工作，或受领导管制而抵触。由此，我们知道为什么绩效管理工作还没有达到应有的效果。

说绩效管理有困难，可能是因为害怕有人抵触，从而将这个过程搞得很尴尬。确实，有时会发生这种情况，但并不常见。原因是：当下属认识到绩效管理是一种帮助而不是责备的过程时，他们会更加合作和坦诚相处；有关绩效的讨论不应仅仅局限于领导评判下属，更应该鼓励下属自我评价以及相互交流双方对绩效的看法；领导和下属之间的关系不是人身依附关系，而是教练和团队的关系。就和球队一样，惟一的绩效就是赢球；球队的任务就是训练和比赛。教练和球员的关系再清楚不过了。

总之，“绩效辅导”的弹性管理是大系统中的一个子系统，也是处于绩效管理前端的重要工作。绩效辅导是“以人为本”的管理方式。它要求你通过建立良好关系和令人鼓舞的面对面交流来密切和下属的关系；它要求你不停地转换角色，迫使你积极参予下属的工作，而不做消极的旁观者。绩效辅导更多地依靠良好的提问、倾听和协调技巧，而不是仅仅停留在分派任务或控制结果上。

绩效辅导分四个互为因果的阶段，每一阶段都是下一阶段的基础。未完成前一阶段的工作就无法进入下一阶段。最后一个阶段则对整个绩效辅导流程起一种加强巩固的作用。

在同下属交流的过程中，你将扮演以下四种角色之一：培训、职业辅导、直面问题、做导师。每种角色结果不同。

第一，培训。这种角色要求你扮演一对一的教师。你有责任就最终会影响下属成长的问题与他们共享信息。所有绩效都是通过人取得的，所以

你必须对下属的发展负责。不要把企业的培训交给外来人，因为他们不对下属的绩效负责。

第二，职业辅导。作为职业教练，你需要得到帮助以引导下属相当深入地就其现在和将来的职业发展道路探索其兴趣和能力所在。你得帮助下属考虑替代方案，决策有关职业发展问题。你还需要让所在企业组织了解下属的职业发展观，以便使企业作出相应的计划安排。

第三，直面问题。要提高绩效，必须得直面问题。首先，你得要求下属改进绩效，换句话说，你需要下属在成功的基础上做得更好。其次，你需要令下属由差劲的绩效提升到满意的绩效。这里应当注意的是，直接指出下属绩效欠佳无异于训斥他们。因此，你必须学会不带批评地告诉下属需要改进绩效。

第四，做导师。做导师的主要目的是促进下属职业生涯取得进一步成功。作为导师，你得指导下属解开企业组织中的种种难解之“谜”。你要引导下属度过企业组织中的种种危机，帮助他们培养处世能力。做导师与做职业辅导有所不同。导师需要源源不断地就企业组织的目标与经营观为下属提供信息和见识。他们教导下属如何在企业组织内发挥作用。此外，在下属遇到个人危机时，他们还要充当他们的知己。

培养下属的自尊心。绩效辅导流程建立在你和下属间的同事关系之上。这种关系最终将增强他们的自尊心。培养自尊是绩效辅导的结果。它来自于下属需要提高自己绩效水平和解难技巧的自我意识之上。培养自尊对你和下属同样有益，因为它有助于产生一种协同关系。

奖励下属树立责任感和取得成果。作为绩效教练，你必须取得企业所需要的成果。但单靠你一个人完成不了，必须通过他人来完成任务。你必须通过激励战略设法提高下属的责任感，直言你对下属的期望。这包括告诉他们你想得到的结果、质量水平及完成时间。

必须让下属了解结果的重要意义。这有助于让下属认识到准时出成果和达到质量要求的重要性。他们也必须认识到自己的努力对最后成果有何影响。接着，告诉下属他们究竟干得如何。他们需要及时、不断的信息反馈才能沿着正确的方向前进。最后，你必须奖赏绩效优秀的下属，对确实违反企业原则和制度的下属，则应该根据制度和组织原则及时处罚。你必须明确地表示，创造良好的工作成果与对他们工作的表彰是相辅相成的。改进绩效是个复杂而艰难的过程。建立策略，给下属最恰当的帮助是你不可推卸的责任。

绩效管理最重要的是在经理人和下属之间建立协同关系。绩效辅导流程首先应在你与下属间创造出一种健康的工作关系，以增强人们的责任感，从而改善绩效、提高生产力。这种关系就是在下属间建立起一种“协同”关系。积极的工作关系对各方都有利。所有成员都能得到自己期待的结果。但要记住，这是一种职业关系，而不是私人关系。“增强责任感”意指下属为了自己团队或整个企业组织的目标承担责任，并要为团队做出个人牺牲。简言之，就是强化职业道德。

职业道德是实现部门和团队绩效的基础，同时，也是识别下属忠诚度的重要根据。要实现这一点，务必要把团队、部门或企业组织的目标讲清楚，进行必要的价值观念交流和思想素质培训，并允许下属对涉及自身工作的决策拥有更大的影响力，让下属具备自我约束和自我评判的先进意识。这才能造就下属的主人翁精神。下属如果能对企业有主人翁精神，就会像主人翁一样工作。

使平凡的人做出不平凡的事

组织的目的是使平凡的人做出不平凡的事。组织不能依赖于天才，因为天才如凤毛麟角。考察一个组织是否优秀，要看其能否使平常人取得比他们看来所能取得的更好的绩效，能否使其成员的长处都发挥出来，并利用每个人的长处来帮助其他人取得绩效。组织的任务还在于使其成员的缺点相抵消。

绩效精神要求每个人都充分发挥他的长处。重点必须放在一个人的长处上——放在他能做什么上，而不是他不能做什么上。组织的“士气”并不意味着“人们在一起相处得好”，其检验标准应该是绩效。如果人际关系不以达成出色绩效为目标，那么实际上就是不良的人际关系，是互相迁就，并会导致士气萎靡。

企业要想培养绩效精神，应在以下几个方面付诸实践：

第一，组织的重点必须放在绩效上。对企业和每个人来说，组织精神的第一要求就是绩效的高标准。但绩效并不意味着“每次都成功”，而是一种“平均成功率”，其中允许有错误甚至失败。绩效所不能允许的是自满与低标准。

第二，组织的重点必须放在机会上，而不是放在问题上。

第三，有关人的各项决定，如工作岗位、工资报酬、提升、降职和离职等，都必须表明组织的价值观和信念。它们是组织的真正的控制手段。

第四，在有关人的各项决定中，管理层必须表明，正直是一个经理人所应具备的绝对条件，同时，管理层也应表明它对自己也同样地提出公正这个要求。

绩效评估应准确而具体

绩效评估包括确定目标、鉴定取得的成果和制定绩效评估标准。这些标准应该对每位下属的职责评价都是适用的。应该注重以下三个方面：

（1）评估下属的工作表现，而不是进行人身攻击，也就是对事不对人。

（2）评估要有效、具体，而不是泛泛而谈或夹杂着主观情绪。

（3）与下属就他怎样改进工作和你应该做些什么达成一致意见。

在进行绩效评估时，你应该向下属表明，评估是针对下属具体的行为或绩效，而不是针对个人。这是建立“同一立场”思维方式的关键。只有这样，你才有可能和你的下属共同探讨怎样解决工作中的问题。

举个例子：

上司：你总是迟到。你们部门的一些人认为你很懒。

下属：我不懒。如果你这样认为，那么你根本不了解我。

由于领导的话语中流露出“这个下属懒惰”，因此马上就产生了个人品性、感情和争辩等一系列问题。这样的反馈会刺伤下属的感情，以至于下属忽略了绩效的问题。更有甚者，领导也许会忍不住责骂下属“粗鲁迟钝”，这非常接近人身攻击。其实，在上面的例子中说下属总是迟到是很不具体的。所以，如果要把迟到作为下属实际的工作表现，就必须将其进行量化。比如，到今天为止，15天中你总共迟到了5次。

如果上司能以“同一立场”的思维去对待下属，那么情况可以变好。

上司：你要注意，上班要准时。一些客户在上午8：00打电话找你，你却不在办公室。

下属：你说得对。只有依靠他们，我才能有现在的绩效，也许这就是原因所在吧。

上司：有什么需要我帮忙的吗？

具体化，最好是用数据或书面材料说明，事实才不会被感情所代替。事实最具说明力，感情却会促使下属为自己的过失进行辩解，指责他人并继续其不良表现。

在绩效评估时要与下属进行有效地沟通，建立“同一立场”的思维方式很重要。如果运用得当，你就可以取得以下优势。

你不得不对下属的工作作出评估。你还会认识到，下属的工作绩效不理想可能是管理不当的结果。你会特别注重自己该做些什么和说些什么。一旦意识到自己的职责所在，你就会采取措施加强你和下属之间的联系，使其在平等的基础上发挥最大的效用。

你能对下属的工作表现提出自己的意见，从而让他们意识到要成为优秀的一员应具备什么条件。

对于下属良好的工作表现，你应及时加以肯定并予以鼓励。你还可以提出你对下属的更高期望值，激励下属付出更多的努力。

你掌握了另一种帮助下属解决问题的工具，这是你最重要的工具之一——取得成效的工具！

因此，通过对下属进行绩效评估，你和你的单位就能获得有用的反馈意见，帮助你们优化人力资源。通过评估，你可以和下属共同制定新的目标，并重新组织下属来取得最大的成效。你部门的发展必须体现出全体部门下属的利益、能力和追求。只有用“同一立场”的思维来看待周密安排的绩效评估，你和下属才能共同制定一致的目标。

“同一立场”的思维方式能使你用积极的心态去看待下属们在过去做出的绩效。同时，作为下属的良师益友，从解决问题的角度，指出下属存在的不足并帮助他们改进自己的工作。

完善企业的考核制度

为了了解学生的学习成绩，学校经常会采取月考、段考、期终考试等形式；但要了解下属在单位中的工作表现，单位领导应该如何来考一考呢？建立绩效考核制度，通过系统的方法、原理来评定和测量下属在职务上的工作行为和工作效果，是单位领导与下属之间进行管理沟通的一项重要活动。

一级跳：量化考核标准，有的放矢。

进行绩效考核，首先当然要确定一个标准，作为分析和考察下属的尺度。这个标准一般可分为绝对标准、相对标准和客观标准。绝对标准是以如出勤率、废品率、文化程度等以客观现实为依据，而不以考核者或被考核者的个人意志为转移的标准。相对标准是采取相互比较的方法，此时每个人既是被比较的对象，又是比较的尺度，因而标准在不同群体中往往就有差别。比如规定每个部门有两个先进名额，那么工作优秀者将会在这种比较过程中评选出来。客观标准则是评估者在判断下属工作绩效时，对每个评定项目在基准上给予定位，以帮助评估者作评价。

制定绩效考核标准时，要针对不同岗位的实际情况，而对不同职位制定不同的考核参数，而且尽量将考核标准量化、细化，多使用绝对标准和客观标准，使考核内容更加明晰，结果更为公正。同时，考核标准公布并使之得到下属认可，避免暗箱操作。考核奖惩制度不单单是针对下属的，同时也对领导起作用。当然，对领导的考核标准与一般下属的考核标准是完全不同的两个概念。

二级跳：你“考”我“考”大家“考”。

一提到“考”字，很容易让人联系到纪律严明的考场，考官高高在上，考生埋头答题。但是，如果绩效考核也只是成为领导“考”下属的工具，就毫无意义可言。绩效考核最重要的一点就是让每一位下属参与进来，在接受他人考核的同时，不仅可以对自己的工作进行考核，同时还可

以考核同事和上属，做到考核面前人人平等，每个人都有评定和说话的权利。

由于绩效考核与薪酬、奖金和晋升机会等与下属切身的利益息息相关，因此受到下属的特别关注，如果考核结果与下属的实际付出相差甚远，不能让下属心悦诚服，往往最容易引起内部矛盾，甚至引发劳务纠纷，而要做到公正客观，最重要的就是让下属积极参与进来。

绩效考核形式主要有上级评议、同级同事评议、自我鉴定等，领导还要通过下级评议，而客服服务等特殊岗位还可以增设外部客户评议等形式。如此一来，大家在给同一个人打分的过程中，会因为一些明显的分歧而进行讨论、沟通，特别是上属与下级之间，通过沟通交流最后达成共识，不仅是对以往工作的总结，也有利于以后更好的协作，统一思想与步伐，为单位效力。

三级跳：让绩效考核真正产生绩效。

单位进行绩效考核的目的，一方面是鼓励下属继续发挥和提高工作能力，丰富知识和技能，并实现优胜劣汰；另一方面，是通过单位层面上的绩效考核和下属与团队层面上的绩效考核来帮助下属、团队和整个组织的能力发展。要实现单位和下属个人之间、团队与个人之间以及团队与单位之间的“双赢”关系，加强考核后的反馈与沟通势在必行。

通过考核，全面评价下属的各项工作表现，使下属了解自己的工作表现与取得报酬、待遇的关系、获得努力向上改善工作的动力，并根据考核结果评定奖金、薪酬等。但最重要的是，让下属有机会参与单位管理程序，发表自己的意见，并在此次考核的基础上改进工作中的不足，根据下属当前的绩效水平和工作表现中不尽如人意之处提供各类培训。同时还有必要找出根本原因，是能力有限还是工作态度不佳，或是其他客观条件导致了工作绩效不尽如人意。为了掌握这些情况，必须根据考核结果与下属进行一对一交流，给予建议的同时，也倾听下属的想法。

只有做好了考核后反馈交流这道程序，才能让绩效评估不仅帮助上级更有效地了解下属动态，提高工作效率；对于下属个人来说，也可以帮助其进行决策，是否改变自己的职业选择。如果下属意识到尽管自己接受了某些培训，工作表现仍无法达到期望目标，那么就应该寻求职业的改变，或在内部进行工作转换，或向外重新选择职业。

沟通是绩效评估的核心

拓达公司是广东一家著名的化工企业。2000年10月份，该单位在某顾问单位和人力资源部的共同努力下，设计和引进一个科学高效的绩效评估系统。该系统包括职务说明书、绩效目标管理卡、绩效考核体系、薪酬和发展系统四部分。然而该系统在实施过程中，人力资源总监却遇到以下几个问题：虽然整个系统非常科学和实用，但领导仍然反映不知道如何对部属进行迅速、合理和真实的评估；每当考核完毕，被考核人经常以结果不公平为由，直接向人力资源部申诉，要求公平和公正，搞得人力资源总监疲于应付而影响了其他工作；一部分下属对绩效评估提出质疑：绩效评估是不是就是繁琐的填表和交表，是不是就是为了找下属的不足与缺陷，领导对评估结果的描述和运用简单而且缺少变化，让部属感到无所适从或不被重视；领导认为考核过程太繁琐，耽误很多时间。

一个绩效评估系统在单位人力资源管理实践中能否成功，有两个关键环节：一是开发和设计，这决定了系统本身的科学性和实用性；二是实施过程，这决定了科学实用的评估系统能否真正发挥其作用。拓达公司出现上述问题说明系统本身并不存在问题，原因在于该系统在实施过程中，相关人员对系统本身认识不足和方法不当。绩效评估是一种防止绩效不佳和提高绩效的工具，这是由上级和下属以共同合作的方式来完成的。这就需要上级和下属之间进行持续不断的双向沟通。通过沟通，使下属对既定的工作职责、下属的工作对单位实现目标影响、下属和上级之间应如何共同努力达成共识。所以整个绩效评估的核心工作就是沟通。所以单位一旦引进绩效评估系统，则意味着对管理进行了一次革命，即由领导对部属单向的领导和控制工作转向双方真正的合作，这是有效实施绩效评估的前提。

拓达公司应该从以下几个方面着手解决绩效评估系统实施过程中的问题：

（1）改变领导和下属的观念。第一，绩效评估系统的运行效果如何，除了跟系统本身有关外，更重要的还在于实施过程和执行的力度。第二，许多领导和下属认为评估就是在月末、季末和年末针对过去的表现和绩效进行的管理行为，而实际上通过评估，对被评估者的能力提升和职业生涯规划会起到更有效的推动，并进一步促进管理规范和提高组织绩效。这是实施绩效评估系统的真正目的和意义所在。所以领导和下属不应把实施绩效评估系统看作一种负担，而应当看作一种先进的管理方式。

（2）设计三级评估体系。即被考核人进行自我考核和由直接领导进行评估的同时，又受到绩效评估委员会的审核和监督，并且整个执行过程是一个被考核人始终与上级领导相互沟通，上下级之间相互交换意见的过程。这保证了评估过程和结果的公平性和公正性。例如，如果直接领导的评估结果欠公平或偏离事实时，绩效评估委员会可通过审核监督来进行调整。

（3）建立绩效评估投诉制度。一般来讲，由领导、HR领导和外聘的HR顾问共同成立绩效评估委员会，由单位领导直接领导，主要职责是领导和指导绩效考核工作，听取各部门领导的初步评估意见和汇报，纠正评估中的偏差，有效控制评估尺度等。这为绩效评估的客观公正提供了进一步的保障。绩效评估结果对下属的薪酬和发展问题将会产生重大影响。如果部门的领导或直接领导在评估时对部属的打分程度有偏差，可退回重新评估；当下属对评估结果有争议时，可提出申诉由委员会调解仲裁，达致客观公正。有了严格的投诉制度和委员会，人力资源总监也可以避免疲于应付的局面。

实施大规模的绩效评估培训。这通常由人力资源部负责，领导和下属共同参与来完成。一般从四个方面实施培训，具体如下：

第一，使领导和下属认识绩效评估系统本身。对领导而言，通过评估，可以不必介入到所有的具体事物中；通过赋予下属必要的知识来帮助他们进行合理的自我决策，从而节省领导的时间；减少下属之间因职责不明而产生的误解。对下属而言，通过评估，可以得到有关他们工作绩效情况和工作现状的反馈，帮助下属搞清楚他们应该做什么和为什么要这样做，使下属具有进行日常决策的能力。

第二，培养责任感。绩效评估是一项从单位总体战略着眼，本着提高单位整体绩效为目的，从下属个人绩效出发，对下属和整体进行考核的绩效管理制度。培养领导和下属的责任感是有效实施的必要条件。

第三，掌握绩效评估的技巧和方法。一个完整的绩效评估系统，会涉及许多种评估方法，以及相应的评估技巧。通过培训，使领导能制订出部属的工作要项和工作目标，了解绩效评估方法、程序和评估标准，如何做绩效评估面谈及相应的技巧，如何制订绩效改进计划，如何实施对部属的辅导。

第四，做好领导和下属的工作，使其认识到绩效评估规范管理和提高绩效的最任方法。绩效评估是一件复杂和细化的工作，所以许多领导和下属认为评估过于繁琐，耽误工作时间。而事实上，如果绩效评估系统运行了2—3个周期以后，考核双方会发现通过上下级之间的绩效目标合作，可以实现更有效的工作受权；通过考核中的监督和指导，可实现领导对部属的工作指导；通过沟通，可以找出工作中的优点、差距，有效确定改进方向和措施。绩效评估使管理工作变得简单和高效。这需要通过外聘人事顾问和内部人员的大量沟通来实现。绩效评估实践对领导和下属也会产生重大影响。

拓达单位在上述思路和方法的指导下，顺利实施了该绩效评估系统，实现了预期的效果。相信对大多数单位具有借鉴意义。

避开绩效考核的误区

管理者应当意识到即使最好的绩效考核方法也会存在不足。如何避开绩效考核的误区，管理者要从以下几个方面入手：

1. 对考核指标理解误差。由于考核人对考核指标理解的差异而造成的误差。同样是“优、良、合格、不合格”等标准，但不同的考核人对这些标准的理解会有偏差，同样一个下属，对于某项相同的工作，甲考核人可能会选“良”，乙考核人可能会选“合格”。避免这种误差，可以通过以下三种措施来进行：

（1）修改考核内容，让考核内容更加明晰，能够量化的尽可能量化，这样可以让考核人能够更加准确地进行考核。

（2）避免让不同的考核人对相同职务的下属进行考核，尽可能让同一名考核人进行考核，下属之间的考核结果就具有了可比性。

（3）避免对不同职务的下属考核结果进行比较，因为不同职务的考核人不同，所以不同职务之间的比较可靠性较差。

2. 光环效应误差。当一个人有一个显著的优点的时候，人们会误以为他在其他方面也有同样的优点。这就是光环效应。在考核中也是如此，比如，被考核人工作非常积极主动，考核人可能会误以为他的工作绩效也非常优秀，从而给被考核人较高的评价。在进行考核时，被考核人应该将所有考核人的同一项考核内容同时考核，而不要以人为单位进行考核，这样可以有效地防止光环效应。

3. 趋中误差。考核人倾向于将被考核人的考核结果放置在中间的位置，就会产生趋中误差。这主要是由于考核人害怕承担责任或对被考核人不熟悉所造成的。在考核前，对考核人员进行必要的绩效考核培训，消除考核人的后顾之忧，同时避免让被考核人不熟悉的考核人进行考核，可以有效防止趋中误差。

4．近期误差。由于人们对最近发生的事情记忆深刻，而对以前发生的事情印象浅显，所以容易产生近期误差。考核人往往会用被考核人近一个月的表现来评判一个季度的表现，从而产生误差。消除近期误差的最好方法是考核人每月进行一次当月考核记录，在每季度进行正式的考核时，参考月度考核记录来得出正确考核结果。

5．个人偏见误差。考核人喜欢或不喜欢（熟悉或不熟悉）被考核人，都会对被考核人的考核结果产生影响。考核人往往会给自己喜欢（或熟悉）的人较高的评价，而对自己不喜欢（或不熟悉）的人给予较低的评价，这就是个人偏见误差。采取小组评价或下属互评的方法可以有效地防止个人偏见误差。

6．压力误差。当考核人了解到本次考核的结果会与被考核人的薪酬或职务变更有直接的关系，或者惧怕在考核沟通时受到被考核人的责难，鉴于上述压力，考核人可能会做出偏高的考核。解决压力误差，一方面要注意对考核结果的用途进行保密，一方面在考核培训时让考核人掌握考核沟通的技巧。如果考核人不适合进行考核沟通，可以让人力资源部门代为进行。

7．完美主义误差。考核人可能是一位完美主义者，他往往会放大被考核人的缺点，从而对被考核人进行了较低的评价，造成了完美主义误差。解决该误差，首先要向考核人讲明考核的原则和操作方法，另外可以增加下属自评，与考核人考核进行比较。如果差异过大，应该对该项考核进行认真分析，看是否出现了完美主义错误。

8．自我比较误差和盲点误差。考核人不自觉地将被考核人与自己进行比较，以自己作为衡量被考核人的标准，这样就会产生自我比较误差。考核人由于自己有某种缺点，而无法看出被考核人也有同样的缺点，这就造成了盲点误差。这两种误差的解决办法是将考核内容和考核标准细化和明确，并要求考核人严格按照考核要求进行考核。

完善绩效评估体系

当莫特知道得到晋升的时候，感到非常激动。他认为新职责范围会扩大，会有一次加薪机会。升到新职位后不久，当人力资源部进行绩效评估时，他的期望又进一步升高，认为离大幅度涨薪的日子不远了。

但是时间过去了6个月，评估还没有结束，加薪也无着落。而且，莫特从来没有接受过一次试用期绩效评估。这个绩效评估本来也应该会给他带来小幅加薪的。

就这样，在一年之内，莫特看到三次涨薪的机会从他的指缝中溜走，因为要么没有绩效评估，要么就是绩效评估没有结束。他将他的感受归纳为一句话：“我被骗了。”

努力要留住人才的雇主当然不愿意看到下属对企业丧失信心，然而，不完善的或糟糕的绩效评估体系往往会导致这样的结果。当评估不公正、不及时、不精确时，企业就没有办法对优秀下属进行奖励，对处于边缘的下属提供鼓励和指导，对工作低于标准的下属给予及时和适当的反馈。

那么，如何对那些不是那么令人满意的绩效评估体系进行改进呢？要做的事实在是太多了。一些措施是值得引起注意的。

要决定绩效评估体系中包含什么内容是件令人头疼的事，专家建议绩效评估过程和文件要尽可能的简单。

必须避免使用过多页的评估表格或过多项的评估指标，这会让人忘了评估本来的目的。

简化的评估表格有好多优点，包括评估中的一致性。这一点已由美国爱达荷州州长办公室中的实践所证明。该州行政官员安·哈尔曼认为，过去使用的绩效管理体系包含了太多的指标，导致评估缺乏一致性。例如，对于同一个下属的考核，某一个经理会想，“既然你一直在做你的工作，说明符合该岗位的绩效要求”。

哈尔曼说："但另一位经理会想：'你在这儿已经有些年头了，闭着眼睛也可以做，肯定超过企业的绩效要求了。"

哈尔曼对绩效体系作了改进，推出了该州新的绩效管理体系，在这个新系统中，评估层次从5个降为2个：你要么达到绩效标准，要么没有达到。

很多人担心这样做不能将下属区分，但问题的关键在于标准的设定，如果经理人能找到好下属的标准，并将其放入评估表，那么一切都顺理成章。

当然制定评估标准时必须保持灵活性。用一把尺子衡量所有人是不行的。有些能力如"团队精神"适用于每个人，可以在这些方面对每个人都评分。但是，诸如"战略敏捷性"等只适用于副总裁以上的管理层或只适用于特定的群体。

麦斯是一家网络基础软件企业。该企业商务经理米歇尔在诠释其绩效管理体系时说："各关键指标的总体定义能适合每个下属，但为了确保灵活性，对于每项工作，指标的要求不同。"例如，一项衡量客户服务的标准可以被应用于面对内部客户的职位（如人力资源或信息技术支持部门）或面对外部客户的职位（如销售人员）。"要推动你的下属，但又不能设立太高的标准，以至于每个人都达不到，"米歇尔强调，"但如果每个人的表现都出类拔萃，那么你的标准可能设定得不够挑战性。"

标准应该尽可能地清晰和可衡量。想一想那些溜冰裁判，他们给溜冰者彼此之间的评分仅有几分的差距。他们之所以如此精确，是因为他们精确地知道他们要寻找什么。

另外一个问题是下属的参与。在麦斯公司的评估体系中，下属目标必须由下属和经理共同讨论完成。这有两个原因："首先，下属会关注被期望达到的目标，这是很好的自我反省，"美世咨询公司的人力资源咨询总监科琳·奥尼尔说，"第二，这些自我评估可以帮助经理看到每位下属的盲点。"

选择评估时间也是一项非常重要的工作，对评估的有效性产生影响。现在，很多企业都从在单个下属的周年日（Anniversary Date）评估转向所有下属集中在一天进行评估，必须考虑这一措施的优劣，然后再决定哪一种方法最适合他们的组织。例如，集中一天评估使得评估体系和企业预算、计划一致，下属的绩效和贡献可以与企业全年目标对照，更精确地衡量。但是，对于计时制的工人或那些经常变换岗位的人，则可能仍需要在其个人的工作周年日进行评估。

一些人力资源专家偏爱周年日的评估方法，因为他们认为，集中一天的评估方法给经理们的负担太重。奥尼尔说：“如果一下子需要看50份报告，精力有可能分散了。”但是，她也相信集中一天做评估可以确保更好的一致性和公正性。她说：“当经理们把所有数据摆在面前时，经过比较他们会作出更好的决策。”奥尼尔引用了美式客户团队的研究。此项研究显示，集中一天的评估方法并不会大幅增加经理用于评估的时间。

在已经建立起绩效评估体系后，人力资源部门还可以走得更远一些。你可以问自己：人们是否真的在运用这个评估体系？你从下属意见调查中得到的下属抱怨是不是越来越少？你是否看到下属和岗位越来越匹配？通过这些问题，可以判断这个评估系统是否取得了成功。还可以通过调查来衡量新的绩效评估系统是否成功，比如，下属是否明白被期望的目标，讨论是否如期举行。“看一下企业运营结果和评估结果分布之间的关系，”奥尼尔说，“是不是每个人的评估结果都很杰出，业务却在衰退？是不是所有的销售人员评估时都拿到了5分，但销售在下降？”

建立全视角绩效评估系统

工作是多方面的，工作绩效也是多维的，不同个体对同一工作得出的印象是不相同的。正是根据此原理，人们在实际工作过程中开发出了全视角绩效评价系统。该系统通过与被评价者有密切关系的人，包括被评价者的上级、同事、下属和客户等，分别匿名对被评价者进行评价，被评价者自己也对自己评价。然后，由专业人员根据有关人员对被评价者的评价，和被评价者的自我评价向被评价者提供反馈，以帮助被评价者提高其能力水平和绩效。

据最新调查，在《财富》排出的全球1000家大企业中，超过90%的企业在职业开发和绩效考核过程中应用了全视角绩效评价系统。全视角绩效评价系统之所以如此盛行，就在于它有以下几项优点：

（1）综合性强，它集中了多个角度的反馈信息。

（2）信息质量相对比较可靠。

（3）通过强调团队和内部、外部顾客，推动了全面质量管理。

（4）从多个人而非单个人那里获取反馈信息，偏见对考核结果的影响可以得到部分消除。

（5）从下属周围的人那里获取反馈信息，可以增强下属的自我发展意识。

全视角绩效评价的主要目的，不是对下属进行行政管理，如提升、工资确定或绩效考核等，而应该是服务于下属的发展。实践经验显示，当用于不同的目的时，同一评价者对同一被评价者的评价会出现差异；反过来，同样的被评价者对于同梓的评价结果也会有不同的反应。当全视角绩效评价的主要目的是服务于下属的发展时，评价者所做出的评价会更客观和公正，被评价者也更愿意接受评价的结果。当全视角绩效评价的主要目的是进行行政管理，服务于下属的提升、工资确定等时，由于牵涉到个人的利益，所做的评价公正性会削弱，被评价者也就会怀疑评价的准确性和公正性。因此，当企业把全视角绩效评价用于对下属的行政管理时，一方面可能会使得评价结果不可靠，甚至不如仅仅由被评价者的上级进行评价；另一方面，被评价者很有可能质疑评价结果，造成企业内部关系紧张。

全视角绩效评价一般采用问卷法。问卷的形式分为两种：一种是给评价者提供5分等级，或者7分等级的量表（称为等级量表），让评价者选择相应的分值；另一种是让评价者写出自己的评价意见（称之为开放式问题）。二者也可以综合采用。从问卷的内容来看，可以是与被评价者的工作情景密切相关的行为，也可以是比较共性的行为，或者二者的综合。

目前，市场上常见的评价问卷都采用等级量表的形式，有的同时包括开放式问题。问卷的内容一般都是比较共性的行为。采用这种问卷进行全视角绩效评价有两个优点：首先，成本比较低。美国CC1企业提供的全视角绩效评价问卷，包括1份自评问卷，11份他评问卷，其价格只有大约200美元；其次，实施起来比较容易。采用现有的全视角绩效评价问卷，企业所需要做的事情就是购买问卷，发放问卷，然后将问卷交给供应商统计处理，或者按照供应商提供的方法进行统计处理就够了。但是，这种方法也有其不足，最主要的一点就是问卷内容都是共性的行为，与企业的战略目标、企业文化、具体职位的工作情景结合并不是很紧密，加大了结果解释和运用的难度，会降低评价的效果。

因此，一些企业开始编制自己的全视角绩效评价问卷。采用这种方法编制的问卷，能确保所评价的内容符合本企业的具体要求，使得评价结果能更好地为企业服务。

在实际工作中，越来越多的企业开始采用折中的方案。即先从外部购买成熟的问卷，然后由评价者、被评价者和人力资源工作者共同组成专家小组，判断问卷中所包括的行为与拟评价职位的关联程度，保留关联程度比较高的行为。最后，再根据对职位的分析，增加一些必要的与工作情景密切相关的行为。采用这种方式，既能降低成本，同时也能保证问卷所包括的行为与拟评价职位具有较高的关联性。

在进行全视角绩效评价时，一般都是由多名评价者匿名进行评价的。

采用多名评价者，确实扩大了信息搜集的范围，但是并不能保证所获得的信息就是准确的、公正的。同样，虽然匿名评价可能会使评价结果更加真实，但是更真实的评价并不一定就是更有效的。

在全视角绩效评价的过程中，受到信息层面、认知层面和情感层面因素的影响，可能会导致所获得的评价结果不准确、不公正。从信息层面来说，评价者对被评价者的情况不是特别了解，由于没有掌握相应的信息，或者了解的信息是不全面的，会使评价结果出现误差。

从认知层面来说，评价者可能只是根据他们对被评价者的整体印象，而不是具体的行为表现来对被评价者进行评价。

从情感层面来说，评价者可能会无意识或者有意识地歪曲对被评价者的评价。为了维护自己的自尊，一般的被评价者在评价时，会给自己较高的评价，而给其他人以较低的评价。

在同一企业工作的下属，既是合作者，又是竞争者，考虑到各种利害关系，评价者有时还会故意歪曲对被评价者的评价。比如，可能会给跟自己关系好的被评价者以较高的评价，给跟自己关系不好的被评价者以较低的评价。

由于以上原因，如果不对评价者进行有效的培训，会导致评价结果产生很多误差。为了提高评价结果的准确性和公正性，在进行全视角绩效评价之前，应对评价者进行选择、指导和培训。在培训的时候，最好能让评价者先进行模拟评价，然后根据评价的结果指出评价者所犯的错误，以提高评价者在实际评价时的准确性和公正性。

虽然评价是全视角绩效评价中的重要一环，但是全视角绩效评价最后能不能改善被评价者的绩效，在很大程度上取决于评价结果的反馈。评价结果的反馈应该是一个双向的反馈。一方面，应该就评价的准确性和公正性向评价者提供反馈，指出他们在评价过程中所犯的错误，以帮助他们提高评价技能；另一方面，应该向被评价者提供反馈，以帮助被评价者提高能力水平和绩效水平。当然，最重要的是向被评价者提供反馈。

在评价完成之后，应该及时提供反馈。一般可由被评价者的上级、人力资源工作者或者外部专家，根据评价的结果，面对面地向被评价者提供反馈，帮助被评价者分析在哪些方面做得比较好，哪些方面还有待改进，

该如何改进。还可以比较被评价者的自评结果和他评结果，找出评价结果的差异，并帮助被评价者分析其中的原因。

在全视角绩效评价实施过程中，会出现一些问题，比如：下属可能会相互串通起来集体作弊，来自不同方面的意见可能会发生冲突，在综合处理来自各方面的反馈信息时比较棘手。

因此，当英特尔企业在建立全视角绩效评价系统时，他们采取了一些防范措施，以确保考核的质量。

1．匿名考核

确保下属不知道任何一位考核小组成员是如何进行考核的（但主管人员的考核除外）。

2．加强考核者的责任意识

主管人员必须检查每一个考核小组成员的考核工作，让他们明白自己运用考核尺度是否恰当，结果是否可靠，以及其他人员又是如何进行考核的。

3．防止舞弊行为

有些考核人员出于帮助或伤害某一位下属的私人目的，会做出不恰当的过高或过低的评价。团队成员可能会串通起来彼此给对方做出较高的评价。主管人员必须检查那些明显不恰当的评价。

4．采用统计程序

运用加权平均或其他定量分析方法，综合处理所有评价。

5．识别和量化偏见

查出与年龄、性别、民族等有关的歧视和偏爱。

从英特尔企业的经验来看，虽然全视角绩效评价系统是一种很有实用价值的绩效考核方式，但它与任何一种考核技术一样，其成功亦依赖于管理人员如何处理收集到的信息，并保证下属受到公平的对待。

别让自己影响了评估

绩效评估犹如一把双刃剑，做好了可激活整个企业；反之，就会产生诸多问题，进而导致许多意想不到的后果。

绩效评估，旨在通过对下属过去一段时间内工作的评价，判断其潜在发展能力，并作为对下属奖惩的依据。但在实践中，评估的正确性往往受人为因素影响而产生偏差。对此，某外资顾问咨询企业人力资源资深顾问如茨以其多年专业经验，介绍了绩效评估中常见的几种人为错误。

绩效评估中常见的人为偏差是以偏概全，又称月晕偏差，所谓“部分印象影响全体”。具体又可分为两种：其一，评估者对某下属存有先期好感或恶感，即使该下属以后的表现有了变化，也会被评估者忽略。这是评估者以下属某一方面表现形成整体感觉，并以此扩展到对该下属的整体评估上。其二，评估时仅选择一两个简短时段来测定，忽略评估对象的一贯表现。这种评估者在未彻底了解事实的情况下自以为是评估下属的方式，常会使下属造成一种错觉：只需做出勤劳状，即使没有成绩也可加薪提职。

避免这种偏差的方式是：针对被评估者的全期表现作全方位评价，日常工作中必须与下属密切接触，勤于观察并做好记录；绩效考核中设定各种不同的着眼点，从不同角度进行分析评定。

宽松、苛刻、折衷——部门经理或主管常会犯这三种错误。宽松者虚怀若谷，在评估中所给分数往往高于下属的真实能力水平；苛刻者采用低分主义，造成考绩普遍很差，低于下属真实能力水准；折衷者不顾企业利益，不按规则考核，完全以自己的好恶决定下属命运。

这三种类型的主管，如果还想在管理岗位上呆下去，就必须抛弃利己思想，日常工作期间要认真执行对部属的指导、培养工作，密切观察下属工作表现并作记录，对照标准进行客观评估；否则，接下来被淘汰的肯定

是你自己。

另外，有些领导往往以自己的能力或好恶作为标准来评价部属。如给与自己唱对台戏的低分，反之，则评为高分；自己某方面是弱项，则在评估下属时故意忽略，反之，则加大评估比重。这种做法的结果，肯定导致对下属表现或潜力的误判。作为管理人员，必须懂得自己与下属有着不同的做事方式，不要过于自信，应积极培养自己有弹性的心态，如此，才能将评估做得尽可能公正。

为了有效避免绩效评价中的人为偏差，工作绩效评价应该按照科学的步骤进行。工作绩效评价主要包括三个步骤：界定工作本身的要求；评价实际的工作绩效；提供反馈。首先，界定工作本身的要求意味着必须确保你和你的下属在其工作职责和工作标准方面达成共识。其次，评价工作绩效就是将你下属雇员的实际工作绩效与在第一个步骤所确定的工作标准进行比较；在这一步骤中通常要使用某些类型的工作绩效评价等级表。最后，工作绩效评价通常要求有一次或多次的反馈，在这期间应有管理人员同下属人员就他们的绩效和进步情况进行讨论；为了促进他们个人的发展还要同时共同制定必要的人力开发计划。

在考核工作的前夕，人力资源部要出方案，即在考核指标上突出各个层面不同的关注内容：上级对于中层的评价，重在评价其管理能力、最终的绩效；下级对于中层的评价设计的指标重在培训、授权、沟通。中层互评设计的指标重在协作，通过突出不同侧面的关注重点，更有效地对下属进行一个全面的评价。

其实，一个企业怎么考核下属，怎么任用下属，归根结底就是这个企业提倡怎样的用人制度。用四个字概括：信、勤、新、和，是最重要的方面。“信”是指诚信、有责任感，诚信为人，用心做事，有责任心才能用之于心；“勤”，指投入、敬业、勤劳、积极向上的人生观；“新”即创新，不断创新，超越同行，超越自我，立于不败之地：“和”是指和谐、团结、协作、有团队精神。

将绩效评估公开化

只做考核而不将结果反馈给被评估者，考核就失去了它的激励、奖惩和培训的特有功能。反馈的主要方式就是绩效面谈，因为只有通过绩效面谈，才可能让被评估者了解自身绩效，强化优势，改进不足。同时亦将单位的期望、目标和价值观一起传递，形成价值创造的传导和放大。

绩效面谈为何难谈？绩效面谈往往成了领导和下属都颇为头疼的一件事。由于绩效面谈主要是上级考核下级在绩效上的缺陷，而面谈结果又与随后的绩效奖金、等级评定有联系，一旦要面对面地探讨如此敏感和令人尴尬的问题，给双方带来的可能是紧张乃至人际冲突！正因为如此，绩效面谈常常是比较难谈的，主要体现在以下几个方面：

由于考核标准本身比较模糊，面谈中容易起争执。有一些单位更是一张考核表考核所有的下属，没有根据工作的具体特点有针对性的考核，评判标准的弹性较大。这样往往导致上下级对考核标准和结果认知上存在偏差，公说公有理，婆说婆有理，甚至可能形成对峙和僵局。面谈不仅解决不了问题，反而给双方今后的工作带来麻烦，结果还不如不谈。

下属抵制面谈，认为绩效考核是走形式，是为了制造人员之间的差距，变相扣工资，并惧怕因吐露实情而遭到上级的报复和惩罚。因此，面谈过程中经常出现的情况是：要么下属对绩效考核发牢骚，夸大自己的优势，弱化自己的不足；要么是保持沉默，领导说什么就是什么。这样虽经过面谈，领导对下属的问题和想法还是不了解。

面谈时一些领导要么喜欢扮演审判官的角色，倾向于批评下属的不足，要么包办谈话，下属只是听众的角色。这样造成下属对面谈发怵，绩效面谈往往也就演变成了批评会、批斗会，成了下属的鬼门关，下属慑于领导的权力，口服心不服。

有的领导老好人倾向严重，怕得罪人。结果是打分非常宽松，每一个

人的分数都很高，绩效面谈成了大家都好的走过场，让下属感觉面谈没有实际作用。

领导心胸狭窄处事不公，以个人好恶作为评判标准。优秀的员工往往不拘小节，而一些领导拼命揪其“小辫子”不放，致使下属愈发抵触，双方矛盾重重。

面谈时笼统的就事论事，没有提出针对性的改进意见。让下属感到工作照旧，自己仍不清楚今后努力的方向，感觉面谈无用，甚至是“浪费时间”。

面谈起争执或下属抵制面谈，与绩效制度设计不完善有直接关系；而面谈没有用或变成批斗会，则与领导缺乏面谈技巧有关。多种因素相互影响牵连，导致面谈不能成功。因此，需要从制度和技术层面同时入手，双管齐下，才能有效解决绩效面谈中存在的困境。

你的考核制度完善吗？下属对面谈的不满，很大原因是对考核不满。因此，做好面谈，从制度层面要做好以下几个工作：

（1）绩效管理体系要完善。要有明确的职位说明书，使每个人职责清晰；针对职责，每个人都有明确的目标，考核依据目标制定；目标达成与否与薪酬、晋升直接挂钩；针对下属考核弱项要有相应的培训辅导，而不是撒手不管；考核投诉渠道要畅通，下属受到不公正的评价有冤可诉。这样整个体系形成闭环，环环相扣，单位目标和个人努力紧密结合。许多单位的绩效管理是弱项，或者体系本身不健全，或者各制度之间缺乏连贯性，考核之后没有了下文，导致绩效管理制度派不上用场，被束之高阁。这也是绩效面谈难以达到效果的根源。

另外，要让下属了解单位的绩效管理体系，宣传贯彻和培训非常重要。让下属了解到：单位对他的期望是什么，他应该怎样发展才符合单位的要求，怎样做会受到奖励或处罚。而绩效面谈给了他一个客观认识自我的机会，让他了解自己的绩效与组织期望之间的差距，使他有努力和前进的方向，有意识的弥补自己的短项。绩效管理体系的建设和宣传贯彻，最终目的是统一“考核是手段，发展是目的”，考核和面谈是帮助个人和组织提高对绩效的认识。这样单位上下才会把制度刻在脑海里，贯穿于行动中，有效地消除对绩效管理和面谈的错误与模糊认识。

（2）考核标准要明确。由于目标是变量，因此考核前明确目标和标准，是绩效面谈的重要一环。目标要具体、可衡量、有行动导向、现实、有时间限制，如果考核标准采用等级评定法，则要对各等级的含义做出明确解释。领导要力戒往下压目标、部属不理解也要执行的情况。

如果在开始面谈后，双方对标准理解还有出入，领导应该尊重部属的意见，因为目标和标准主要是领导来制定和审批的，所以他有义务向部属解释清楚。如果目标中确实有歧义或模糊不清的地方，领导应该在今后工作中对目标进行修改。

（3）领导要学会角色认知。作为承上启下的纽带，领导称职与否，对自身角色是否认知清楚，也直接决定面谈的成败。许多领导自身业务很强，但下属绩效一团糟。独木难成林，团队绩效高的领导才是一个称职的领导，领导不仅对自身的绩效负责，更要对部属的绩效负全部责任。上下级是绩效伙伴关系，只有下级做得好，领导的工作才会出色。同时，在制度设计和培训宣传贯彻上，也要突出领导对下属绩效的连带责任。必须意识到：绩效考核不是领导对下属挥舞的“大棒”，领导也不是审判官和老好人，领导要扮演教练、辅导员的角色，帮助部属走向成功。

在绩效面谈中，比较可行的面谈流程、技巧如下：

（1）面谈准备要充分。领导在面谈前应做好两方面的准备：一是心理准备，要事先了解部属的性格特点，工作状况，充分估计到部属在面谈中可能表现出来的情绪和行为，准备可能的应对策略；二是数据、资料准备，如：工作绩效、计划总结、管理台账等。在面谈前，领导对有关资料谙熟于胸，用科学的数据、事实来证明自己的观点，下属也同样如此，这样上下级的分歧就很小。这就需要建立管理台账，及时记录下属的行为表现，对下属的计划、总结、报告也要及时批示评点，这样面谈的时候才能言之有物，也避免了对部属工作不了解、打分难、提不出意见的窘况。另外，通过轻松的话题来培养融洽的气氛，面谈开始后就把面谈程序、目的和原则讲清楚，也是不可或缺的环节。

（2）双向沟通，多问少讲。面谈是一种双向沟通的过程，发号施令的领导很难实现从上司到“帮助者”、“伙伴”的角色转换，应该给下属充分的表达机会，才能有效的了解下属的问题和想法。首先要感谢部属这一阶段的工作贡献，引导部属说出工作中的酸甜苦辣，对问题的看法分析等，让下属自己思考和解决问题，表达心声。对有分歧的地方，要让部属陈述和解释。

（3）领导要善于发现部属的闪光点，分享部属的经验。尤其对绩效不佳的下属，更应注意表扬其好的一面，树立部属的信心，让其再接再厉，把工作做好。同时，领导给部属的反馈要尽量具体，无论批评还是表扬，都针对下属的具体行为或事实反馈，避免“你的态度很不好”或是“你的工作做得不错”这类空泛的陈述。另外，模棱两可的反馈不仅起不到激励效果，反而易使下属产生不确定感。

（4）问题诊断与辅导并重。一旦发现部属绩效低下，双方要立刻查找原因。是组织因素还是个人因素，是目标制定不合理，还是人员能力、态度有问题。如果是客观原因造成下属绩效下降，领导要及时协调各方面的关系和资源去排除障碍。诊断辅导的过程就是让下属树立领导就在他的身边，在他前进的过程中会随时得到领导的帮助的认识。这样就不会有抱怨连连的现象发生。诊断辅导过程中对事不对人的原则一定要牢记，只能说部属工作中存在的问题，不能涉及到人格问题。最好不要拿他和其他下属做比较，而是与他的过去相比。当下属犯了某种错误或做了不恰当的事情时，领导应避免用评价性标签，如“没能力”、“真差劲”等，而应当客观陈述事实和自己的感受。

（5）不仅谈论过去，更要发展未来。绩效管理是一个往复不断的循环，一个周期的结束，同时也是下一个周期的开始。因此在对人员绩效进行评价和回顾后，还要帮助下属找准路线，认清下一阶段的目标。领导与下属合作，对下一周期的工作重点、绩效的衡量标准、领导提供的帮助、可能的障碍及解决方法等一系列问题进行探讨并达成共识。最好的方法是让下属自己提出目标和解决方案，领导作为支撑者，帮助他解决其中的疑难。这样绩效面谈就能达到最佳结果，无论部属来的时候是什么心态，结束的时候都是愉快的，并且干劲十足。

（6）面谈沟通是一个持续的过程。考核和面谈只有几天的时间，但绩效沟通贯穿于工作的全过程。绩效管理的核心就在于通过持续动态的沟通真正提高个人和组织绩效。不懂沟通的领导不可能拥有一个高效的团队。领导与下属在目标实施过程中随时保持联系，及时排除遇到的问题和障碍的考核结果也不会出乎意料，因为在平时的沟通中，下属就自己的工作和领导基本达成了共识，因此绩效面谈也就变成了对平时讨论的一次复核和总结。

年度工作评估的效果是有限的

“好吧，约翰，轮到你做年度工作评估了。我只问你一个问题——你对自己过去一年的工作有何评价？”

“嗯，我感觉还是不错的。我准时完成了更多的项目，是不是？”

“是这样，我希望你知道我对此非常欣赏。另外我也注意到你的报告写得更加精练、更加切题，语法错误也减少了。”

“是啊，我一直在这上面努力，”约翰看上去似乎很开心，“我对自己的进步感到很高兴。”

“不过另一方面，我要求你把交上来的几个报告重新做一遍，因为我认为你缺少充分的调研。”

“真是抱歉，但我已经在做一些工作了。你不觉得我后来做得好多了吗？”

“我真的没有注意，不过我下一两次我会特别留心，并让你知道。还有另外一件事——我发现这几个星期你多次离开工作区。我希望你确实把时间花在了工作上。”

“这多半是为了那个改型项目，”约翰回答说，“我不会再在上面花时间了。”

“能听你这么说，我很高兴。现在我们来看一看——把得分与扣分加起来，我想这就是你去年工作表现的得分了。这听起来很合理吧？”

约翰想了一会儿，然后答道：“是啊，这还用说。”

你在管理课程上可能学到的有关进行工作评估的要素都已经包括在以上那段对话之中。经理给了约翰充分的发言机会，并且以两个积极的表现开始评估。他客观地提出了约翰的消极表现，而且也给了他辩白的机会。最后经理对约翰的工作表现打分，而他也接受了这一评估结果。

那么，结果会是如何呢？约翰可能会继续做更多精练的报告，这些报告也不会有什么语法错误。他会努力把调研工作做好，但却不能肯定经理会向他提供帮助。他还会继续离开工作区，不管是出于什么原因，直到经理再次对此发话。他会对得到的分数感到失望，因为他认为上次评估以后自己已经有了提高。

那么，约翰的工作表现会有多少改善呢？答案是：零。

你不应该在年度评估上浪费时间。年度工作评估是件不讨人喜欢的事务性工作，但很多企业都有这方面的要求。这种评估改善不了工作表现，而它也确实不是为改善工作表现而设计的。因此，按企业的要求去做好了，做的时候要小心谨慎，而后用其他方法来切实地改善下属的工作表现。

那你该怎么样做呢？

看到好的表现时，应该当场予以肯定。等到评估时间到来后再告诉某人他做了件出色的工作已太迟了。

一有不良表现出现，就当场予以处理。案例中的经理本应该一直在约翰身边帮助他改进报告，提高他的调研能力的。如果他对约翰离开工作区的次数太多引起了重视，那么在引起重视的当时就应该对他提出质疑。他和约翰都应该清楚地知道问题所在，知道他在克服这些问题上有何进展。

将年度评估视为对你与下属们都已经知道了的工作情况的简明回顾，为下属打一个恰当的分数，并以此作为一个新的起点。

有些经理会向下属们征求对年度评估的意见。还有的经理甚至要求下属们详细地用书面形式汇报自己所做的工作，并给出自己认为应该得到的分数。这些都没有解决最基本的问题，不过确实可以让经理了解一些细节。

下属的优秀程度与他们给自己的评分之间往往会有一种负相关。真正优秀的下属对自己的要求很高，他们对所取得的成就与自己的理想之间的差距一清二楚。而平庸的下属刚好相反，他们目标不高，视野不宽，他们只知道自己干得多累才取得了现在的成就。这样，优秀的下属可能会把自己的评分打得比平庸的下属还要低。并非说自我评估不可取，而是说应该对结果作一平衡，使之能够反映你所见到的绩效。

第10章

协调团队，将冲突化为无形

卓有成效的领导就是明确组织的使命并完成这个使命。

处理冲突并不是太难的事情

对于领导来说，处理管理中的冲突并不需要太多的原则，只需要记住下面两点，所有冲突的处理都不是太难的事情。

一是要学会感激。著名成功学家安东尼指出：成功的第一步就是先存一颗感激的心，时时对自己的现状心存感激，同时也要对别人为你所做的一切怀有敬意和感激之情。如果你接受了别人的恩惠，不管是礼物，忠告，或帮忙，而你也够聪明的话，就应该抽出时间，向对方表达谢意。无数的事实证明，及时回报他人的善意且不嫉妒他人的成功，不仅会赢得必要而有力的支持，而且还可以避免陷入不必要的麻烦。嫉妒心强不仅难以使自己“见贤思齐”，虚心向善，而且也会影响自己的心情和外在形象，更主要的是，这会使自己失去盟友和潜在的机遇，甚至还会树立强敌——因为一般来说，被别人嫉妒的人应该不会是弱者，以“一报还一报”的心理，他也不会对你太客气。

二是一切着眼于未来。领导处理冲突也是需要一些耐力的。在这个意义上，宽容就是耐心，就是给第二次机会。即便有过一次背叛和冒犯，但只要不是死怨，就要以一切着眼于未来的心态，给对方改正的机会，从而有助于重新合作。事实上，这种机会往往也是给自己的，就像自己会荒唐，会短视，会无意冒犯别人一样，别人也是可以原谅的，但同样的错误只能犯一次，可以无意一次，却不可能无意二次。要学会对事不对人，在你给别人第二次机会之前，一定要告诫自己“是事错了，而不是人错了”。这样你就可以给他一个完整的机会。对于领导来说，使未来显得比现在重要，也是利于促进合作的。

如何面对下属的顶撞

水至清无鱼，人至察无徒。这就是告诉我们，待人处事太苛薄了，就不会有好人缘。作为朋友，你就不能用自己的标准去要求和衡量所有的人，不能责备别人的“另类”。如果面对下属的顶撞，领导应该如何做呢？

首先必须强调一点的是，异己的存在，可以促使你在决策时格外谨慎，力求科学严谨，以免被异己找出破绽，发现纰漏。可以说，下属的顶撞，就是竞争对手的存在，就是监督者的存在，他可以促使双方更加勤勉。

美国前海军司令麦锡肯去看望陆军司令马歇尔时说：“我的海军一直被公认为世界上最勇敢的部队，希望你的陆军也一样。”马歇尔不肯示弱，说：“我的陆军也是最勇敢的。”麦锡肯问他有没有办法证实一下。“有！”马歇尔满怀信心地说。他随便叫住一个士兵，命令道：“你给我过去，用身体去撞那辆开动的坦克。”“你疯了？”士兵大叫，“我才不那么傻呢！”

此时，在这种关乎自己的面子和威望的非常时刻，自己的下属公然顶撞自己，领导一般都会勃然大怒。然而，马歇尔没有这样做，他笑了笑，然后满意地对麦锡肯说：“看见了吧，只有最勇敢的士兵才会这样同将军说话。”马歇尔把士兵公然顶撞自己的行为，视为勇敢的举动，这正是大将军的气魄与胸怀！这就是成大事者的独特认识。试想一下，假如马歇尔将军视那个士兵为异己，并且一味地去扼杀，他必定会置士兵于死地。最终，他不仅失去了一个士兵，而且损害了自己的威望，挫伤了所有士兵的勇气。

要学会包容下属的错误

如果领导确信自己不是完人，不可能不犯错的话，那么领导也应该确信自己的下属不是完人，也不可能不犯错误。

如果你的下属因某个疏忽导致了顾客的不满，顾客上门兴师问罪来了，怎么办？逼下属自己去道歉、让他自己处理“烂摊子”，还是亲自出马去处理自己心里也没把握的问题？

首先，我们必须强调领导有不可推卸的责任。作为一名领导，遇到这种突发情况，首先要冷静。第一，不要推卸责任，要亲自出马，对因下属的一时疏忽给顾客添加的麻烦，向顾客表示诚恳的歉意。第二，在弄清事情的经过后，对顾客提出的合理要求，应尽力予以满足，并求得相互的理解。对顾客提出的不合理要求或无理取闹、借题发挥，应做耐心的解释工作。第三，以教育为目的，对下属进行耐心的说服和教育，查找问题的症结。主动承担责任，能体现一个领导的气度和修养，也能得到下属们的理解和尊敬。切不可不问青红皂白，当着顾客指责下属，盛气凌人。

其次，要学会变坏事为好事。虽说是下属惹的祸，但你硬要他自己去收拾，碍于职权的限制，他出面恐怕不会取得什么满意的结果，很可能问题最后还要回到你这儿。如果你亲自去处理，由于对问题不甚了解而心里没底儿，同样不利于问题的解决。如果你与当事的下属共同去面对来兴师问罪的顾客，就大大增加了解决问题的可能性。领导主动在外人面前承揽责任，会减轻下属的包袱，他会感激你，同时也会赢得其他下属的人心。同时对顾客来说，，能够表现出部门对此事的重视和诚意。在解决问题和协调双方利益时，领导较具权威性，可以更好地维护部门利益。

总之，领导要做到优秀，就必须去扛一些事情，只有这样才能给大家留个树立一个负责任的好形象。

善于原谅下属的失礼

面对下属的失礼，领导应该怎么办？以下是一些遇到这种情况时领导必须注意的事项：

一是尊重下属的人格。下属具有独立的人格，领导不能因为在工作中与其具有领导与服从的关系而损害下属的人格，这是领导最基本的修养和对下属的最基本的礼仪。面对下属的失礼，领导要注意保持自己的基本修养。

二是善于听取下属的意见和建议。领导应当采取公开的、私下的、集体的、个别的等多种方式听取下属的意见，了解下属的愿望，这样既可提高自己的威信，又可防止和下属关系的紧张。面对下属的失礼，领导要耐心听取下属的意见和建议，因为很多失礼的情况是因为下属急于向领导提意见。

三是宽待下属。领导应心胸开阔，对下属的失礼、失误应用宽容的胸怀对待，尽力帮助下属改正错误，而不是一味打击、处罚，更不能记恨在心，挟私报复。

四是培养领导的人格魅力。作为领导，除权力外，还应有自己的人格魅力。如良好的形象、丰富的知识、优秀的口才、平易近人的作风等，这些都是非常重要的非权力影响力。

五是尊崇有才干的下属。领导不可能在各方面都表现得出类拔萃，而下属在某些方面也必然会有某些过人之处。作为领导，对下属的长处应及时地给以肯定和赞扬。如接待客人时，将本单位的业务骨干介绍给客人；节日期间到为单位做出重大贡献的下属家里走访慰问；有意地突出一下某位有才能的下属的地位等，都是尊重下属的表现。这样做可以进一步激发下属的工作积极性，更好地发挥他们的才干。相反，如果领导嫉贤妒能，压制人才，就会造成领导和下属的关系紧张，不利于工作的顺利开展。

打小报告的风气不鼓励

领导在处理冲突的时候一定要注意爱打小报告的下属，来说是非者，必是是非人。领导在进行管理的过程中需要注意不要让打小报告成为一种文化。

“打小报告”在道德上是难以被人接受的，因为它使人与人之间失去信任；“打小报告”的人或告密者之所以遭人唾弃和孤立，是因为他们使周围的人感到了不安全。如果企业里总有人“打小报告”，企业气氛一定是紧张不安的，下属关系、上下级关系也一定是疏远的、戒备的。这样容易植根一种不信任在每一个下属的内心深处，使他很难坦诚、轻松地面对他人。为了处理人际关系，他不仅会损耗大量的心理能量，而且还会因各种误解而造成自己与他人的痛苦。

“打小报告”虽然不等同于“告密”，但在人们心中，“打小报告”、“告密”是一个连续的链条。这些行为会造成群体和个人内心的激烈冲突。

因此对于领导来说，千万不要鼓励告密的风气，这种风气一旦助长，会影响整个团队的士气。领导要保证整个团队的有效运转，使每个下属都能发挥自己的能力，并迅速成为企业的业务骨干。纪律和约束是不可或缺的，但是如何维护纪律却可以有不同的做法。优秀的领导要有能力在企业里创造一种氛围：鼓励下属在犯错误时勇于承认，担当责任，自我教育，而不是依靠“打小报告”。

上司承认错误是诚实的表现

领导要有豁达和宽容的胸襟，要对下属的错误比较宽容，不要太过苛刻，给下属过多的责难。同时，如果领导本人犯了错误，就应该有敢于认错的勇气。勇于认错不仅是一个管理者应有的素质，也是一种难得的品德。其实，许多大企业的领导都具备这样的优良品德。日本“企业经营之神”松下幸之助就是一个敢于认错的优秀领导。

一次，一位下属因经验欠缺而使一笔货款难以收回，松下幸之助勃然大怒，在大会上狠狠地批评了这位下属。

等到自己气消之后，他为自己的过激行为深感不安。因为那笔货款发放单上自己也签了字，下属只是没把好审核关而已，因此自己也应负一定的责任，确实不应该那么严厉地批评下属。

他想通之后，马上打电话给那位下属，诚恳地道歉。恰巧那天下属乔迁新居，松下幸之助便登门祝贺，还亲自为下属搬家具，忙得满头大汗，令下属深受感动。

然而，事情并未就此结束。一年后的这一天，这位下属又收到了松下幸之助的一张明信片，上面留下了一行亲笔字：让我们忘掉这可恶的一天吧，重新迎接新一天的到来。看了松下幸之助的亲笔信，该下属感动得热泪盈眶。从此以后，他再也没有犯过错，对企业也忠心耿耿。松下幸之助向下属真诚认错成为整个日本企业界的一段佳话。

许多开明的领导都坚持认为：上司承认错误是勇敢的表现、诚实的表现，不但能融洽人际关系、创造平和氛围，而且能提高上司的威望、增进下属对其的信任。只有那些自尊心特别脆弱的领导，才不敢在犯了错误以后向下属认错。这种领导是很难得到下属信服的。下属信服的领导都是敢做敢当，决不推卸责任的领导。

跟下属合作要因人而异

与人合作最棘手的问题之一，就是人与人之间的磨合常常令人身心疲惫。有人甚至深有体会地说，人与人之间的合作在管理中花去的成本始终是最高的。一般来说，作为下属不外乎有以下四种类型：

一是分析型。这种下属是完美主义者，做事力求正确，但完美倾向也会导致墨守成规，优柔寡断。分析型的人喜欢独立行事，不愿意与人合作。尽管他们性情孤傲，但患难之中却最见其忠诚。

二是温和型。他们常常喜欢与人共事，淡漠权势，精于鼓励别人拓展思路，善于看到别人的贡献。由于对别人的意见能坦诚以待，他们往往能从被其他团队成员否决的意见中发现价值。温和型的人常常为团队默默耕耘，往往成为团队中无名的幕后英雄。一般说来，温和型的人往往能在一个发展稳定的、架构清晰的企业中表现出色。一旦他们的角色界定、方向明确，他们就会坚定不移地履行自己的职责。

三是推动型。他们注重结果，最务实，并常常引以为自豪。他们喜欢确定高远却很实际的目标，然后付诸实施。他们极其独立，喜欢自己制定目标，不愿别人插手。他们善于决断，看重眼前实际，具有随机应变的本事。但有时太好动，往往因仓促行事而走弯路。无论表达意见还是提出要求，推动型的人都很直率。

四是表现型。这种下属好出风头，喜欢惹人注目，是天生的焦点人物。他们活力十足，总喜欢忙个不停。他们偶尔也会显露某种疲态，这往往是因为失去了别人刺激的结果。表现型的下属容易冲动，常常在工作场所给自己或别人惹出一些麻烦。他们喜欢随机做事，没有制定计划的习惯，不善于进行时间管理。他们善抓大局，喜欢把细节留给别人去做。

对于领导来说，要针对不同类型的下属采取不同的管理方法。

达成共识，才能共同前进

IBM的创始人沃特森被誉为“企业管理天才”。他相信，只要尊重下属并帮助他们自己尊重自己，企业就会赚大钱。

沃特森善于发掘下属的潜力，善于调动下属的创造精神与献身精神，想方设法去刺激下属为企业出谋划策。为了保护下属的工作热情，增强下属对企业的亲近感与信任感，他广开言路，广泛倾听各种意见。

沃特森规定：企业内任何人在感到自己受压制、打击或冤屈时，都可以上告。他亲自接见告状人，对有理者给予支持。他鼓励下属们在工作中不怕失误和风险，为了企业敢于承担似乎不可能完成的任务。他本人则一天工作16个小时，几乎每晚都在这个或那个雇员俱乐部中出席各种集会和庆祝仪式。他作为下属相识已久的挚友，同下属们谈得津津有味。

对于一个优秀的领导来说，有了目标之后，就要与群众分享并逐步达成共识。柯达企业进入影印机市场后，把重心放在复杂技术与高级设备上，成本居高不下，几乎没有利润，而且库存问题非常严重。1984年，查克临危受命，担任影印产品事业部总经理。查克希望加强与下属的沟通，为此，他每周和直属部下开会；每月举行“影印产品论坛”，和每个部门的代表下属直接沟通；每周与重要干部及最大的供应商开会。谈论重大的变迁及供应商关心的事情；每个月下属都会收到4到8页的“影印产品通讯”，并向下属提供直接与高层管理人沟通的机会。

短短6个月以后，企业终于与1500个下属达成共识。企业状况开始出现转机，库存量减少50%，部门生产率平均提高31倍。事实证明，只有走近下属，才能了解下属，只有和下属达成共识，才能和下属同心协力地成就一番事业。

第11章

沟通团队，左右逢源

沟通如果符合对方的期望、价值及目标，它就会很有力量。

沟通的四种基本方法

沟通的基本方法有四种：书面、口头、非语言和大众传播。这四种方法经常是同时交错在一起使用。选择哪一种沟通一般取决于接受信息者是否当时在同一地点、信息的紧急程度、信息的秘密程度以及传递方式的价格费用。

1. 书面沟通

书面沟通是借助于书面语言进行沟通。如书信、备忘录、报告、布告、通知、工作手册、报表以及组织的定期刊物等。书面沟通的优点是信息可以长期保存，对一时辨不清的信息可作反复研究。如信息内容发生问题时，还可以参考留存的文件。在复杂或较冗长的沟通场合尤其显出书面沟通的重要性。

书面沟通的另一个优点是来自于沟通过程本身，除了发表正式讲演等少数情况外，书面沟通对语言文字的依赖性较强，往往需要更全面、较合逻辑并且清晰的表达方式。书面沟通的效果受文字修养的影响很大。而书面沟通的缺点是要花费很多时间，如口头表达需要10～15分钟，而书面方式也许要花一个小时才能将这些信息写下来。

此外，书面沟通的反馈慢，如寄一份备忘录给某人，不一定他能理解备忘录内容的原意。即使理解，书面答复也缓慢。

2. 口头沟通

口头沟通是借助于口语进行沟通。如演讲、讨论、谈话，以及非正式的悄悄话和谣传等。口头沟通的好处是比较灵活、速度快，双方可以自由交换意见。口述的信息能够在短时间内传送出去并被接受。如果接受者不能很清楚地理解这一信息内容，传送者能及时发现并可及时纠正。

口头沟通的缺点是信息保留时间较短，使用也有一定的局限性，尤其是信息需要通过许多人来传达时，信息可能被歪曲走样。

3．非语言沟通

人类进行沟通活动最重要的工具当然是语言，但是沟通的工具决不仅限于语言。如借助某些无声语言来达到沟通的目的。非语言沟通包括手势语、面部表情、身体动作、空间、时间等。

（1）手势语。手势语是人们进行非语言沟通的一种工具。例如，中国人竖起大拇指是表示称赞某人或赞赏某物或笼统表示赞同或好的意思。而在美国，常常有人站在公路边，举手竖起拇指，拇指朝着他要去的方向摆动，意思是希望搭便车。这个动作就是说“我要到……去，是否可以让我搭便车”。这些手势语，如不经解释，往往为其他民族的人所不理解，以致造成某些误会。

（2）时间。由于民族之间的文化不同，人们对时间的概念也有所不同。如在美国，人们非常讲究时间，他们不管工作、约会、上课、吃饭、看戏、开会都很讲究准时。人们的生活节奏是快速的，时间观念是极受重视的。譬如约会，人们总是事先预约，讲好几点，大约多久。

（3）颜色。由于人们在日常生活中经常与颜色接触，所以很多时候把它们用来代表颜色以外的东西。因此，人们在沟通过程中，应注意颜色这类非语言沟通。如在我国，人们用红颜色的纸作包装送礼，表示吉利；而在其他国家红色有其他含义，如在美国，人们用红墨水记账表示赤字。所以商界人士最怕红字，因为商界里的赤字、负债都是用“红”色来书写的。

4．电子媒介

在当今科技发达的时代，我们利用许多复杂的电子媒介来进行沟通。除了传统的电子媒介如电话及公共通讯系统外，还可以通过手机、网络等方式进行有效的沟通。

六种沟通障碍要了解

沟通的障碍是指阻碍沟通正常进行的现象。沟通障碍一般来说有以下六种：

1．语言障碍

指语言表达不清，使用不当，造成理解上的困难或产生歧义。有时即使是同样的字眼，对不同人而言，有不同的含义。年龄、教育程度、文化背景是三种较明显的因素，会影响到人们对语言的使用以及对字意的定义。

组织内的成员背景不同，而且由于从事不同工种的工作，必然会产生各自的“行话”或技术用语，大型的组织，如大型企业、跨国企业，其成员都是来自不同地区甚至不同国度，因此使用的字眼往往不同。如果我们能够知道每个人对语言的用法，那么沟通上的困难就会减少。有时谣言的传递也使组织内真实信息受到影响。

2．过滤的障碍

在沟通过程中，往往由于“过滤作用”，使得沟通受到很大影响。如为了让接受信息者高兴，信息传送者故意操纵信息。一些单位的负责人对上级领导喜欢说领导爱听的话，报喜不报忧，这就是在“过滤”信息了。

3．心理的障碍

这是指个性特征和个性倾向所造成的沟通困难。如个人与个人之间、组织与组织之间、个人与组织之间需要和动机的不同，兴趣与爱好的差异，都会造成人们对同一信息的不同理解。沟通双方不和谐的心理关系，某一方或双方的人格缺陷，也会对法通产生不良影响。

4．时间压力的障碍

如果接受信息者只有很短的时间理解接受的信息，他很可能会误会或忽视其中一部分信息。管理者有时间的压力，因为决策是有时间限制的，时间压力会造成沟通问题。当事情被迅速处理时，正式的沟通渠道会缩短，因此有些人会被蒙在鼓里，有时候因时间紧急，会导致信息传达得不完整或模糊不清。

5. 信息过多的障碍

管理者所接受的信息有从上面传下来的，也有从下面报上来的，也有其他单位或同事转传过来的。因为缺乏自动控制系统，所以信息往往大量涌进，使管理者一时无法掌握信息的精华，选出最重要的信息。科技的进步，使经理们通过计算机和传真可以获得大量信息，如果他们不注意处理这些信息，沟通的效能可能会受到影响。因此，管理人员不得不忽视一些信息，或只是浏览一下，这样，有时一些重要信息可能会漏掉或出现理解错误。

6. 组织机构与地位的障碍

由于组织机构复杂庞大，环节太多造成信息损耗和失真。有时组织内设立的各种机构和岗位，下属与管理者之间的地位差别，也会造成沟通上的困难。

提高沟通效率的四种方法

要提高沟通效率，管理者就必须充分认识沟通障碍的现象，避免和解决组织中的沟通障碍，改善组织内的人际关系，提高组织沟通网络的技术。

1．改善人际关系

人是社会的人，人只有通过彼此间相互交往和沟通，诉说各人的喜怒哀乐，才能增进人际之间的思想感情，产生亲密感。换言之，交往与沟通本身是一种人类所特有的精神需要，在人类的需求结构中占有相当重要的位置。如果满足职工的精神上的需要，他们就心情愉快，干劲倍增。人与人之间有了共同的语言，即使沟通碰到障碍，也会相互理解。

2．提高组织沟通网络的技术

有效的组织沟通是及时地用正确的形式向必须沟通的人提供准确的信息。要提高组织沟通网络的技术，管理人员必须在组织内建立有效的沟通渠道，尤其是那些非正式的、开放式的沟通渠道，因为沟通渠道畅通，有利于单位内成员之间、上下级之间建立相互信任的关系，减少地位障碍和谣言的传播。在当今新技术革命的时代，沟通更加容易，速度更加快了。

3．控制信息流程

为了缓和信息过多的状况，管理者有必要建立一套控制系统，使接受的信息都是重要的，而且优先接受那些较为重要的信息。所谓控制信息，是指控制信息的质和量。

控制信息流程，首先要考虑授权下属处理某些信息，由下属有选择地将重要信息报告给管理者。其次，把下属报上来的信息加以浓缩。信息传送者作口头沟通时，应鼓励他们简明扼要，如作书面沟通时，要求他们列出报告的要点。再次，让下属根据信息的重要程度分类。这样，信息与信息之间就可以确定一个优先次序的关系，而且也不致遗漏或忽略掉重要的

信息。

4. 主动倾听意见

管理者要注意倾听各种不同信息和意见。倾听是主动地听取意见和了解对方话中的含义，但是，听却是被动的。

改善交流的三个技巧

交流对于领导工作起着非常关键的作用。在企业中如果能够充分改善下属交流的效果，就能够最大限度地挖掘企业人力资源的潜力，从而能够完成本企业组织的目标，提高企业的劳动生产率，改善企业的经营状况和绩效。改善企业下属交流的效果应该注意以下几个方面的问题：

1. 正确地运用各种交流类型

一般讲来，每一种交流方式都有它的优点和缺点。交流者要了解各种交流方式的优点和缺点，针对不同的交流，不同的信息接收者采取不同的交往类型，只有这样才能够取得比较好的交流效果。

2. 创造良好的交流气氛

交流并不仅仅是信息发出者发出信息就算结束了，其关键步骤在于交流一定要使接收者能够接收到信息、理解信息并运用信息，所以应该尽可能地创造良好的交流气氛。

比如信息发出者和接收者之间建立良好的人际关系，建立一种愉快轻松的氛围，从而为有效的接收信息创造一个较好的条件。

3. 要重视下属交流的能力

因为下属交流的能力直接影响到下属交流的效果。在实际工作中，一方面要培养下属发出信息的能力，诸如讲话能力、写作能力等；另一方面培养下属的接收信息的能力，例如倾听的能力、记笔记的能力、理解的能力，等等。

企业中下属交流能力的提高会使交流的质量提高，这样，信息在企业中的交流就会畅通无阻，企业的整个交流、沟通系统就会更加严密、完整、有效，因而能够充分发挥每个成员的积极性，使下属的潜力最大限度地发挥出来，促进组织目标的实现。

沟通要抓住对方的心理

对于管理者来说，要想获得良好的人际关系，抓住对方的心理是相当重要的。

抓住对方心理是和别人交往、说服别人的重要途径。交往之难不在于见多识广或表达之难，而在于看透对方的内心，并在此基础上巧妙地表现自己。人的心理十分微妙，即使同样的一句话也会因对方的情绪变化而得到不同的理解。读懂对方的内心才能控制其情绪的变化。

沉默的下属就是一扇关闭的门，如果管理者在交往中稍有不慎，那么对方就永远不会向你敞开心扉。怎样才能使沉默寡言的人向管理者敞开心扉呢？首先应该进入对方的内心世界引发其产生心理动摇。只要管理者抓住了沉默下属的心理，下属就会很容易地向管理者敞开心扉。

管理者可以使下属感觉到自己十分同情他的处境。如果下属因为遭遇挫折而不言语，管理者不妨表示同情，可以用一种宽慰的语气对下属说："如果我处在同样的环境，遇到同样的事情，肯定也会失败。"这样下属就不再担心管理者会严厉地批评他，进而也愿意和管理者展开交谈。

主动沟通的四个技巧

共同话题的主动权是应该掌握在管理者手中的。共同话题往往来源于下属和管理者的共同点，这些共同点往往容易拉近下属和管理者的距离。一般来说，可以从以下方面来寻找共同话题：

1．从下属的口音找话题

下属的口音往往能够表明身份和经历。管理者要大胆地猜下属的口音。猜对了，固然可喜，两个人有了共同的话题；猜错了，也很可喜，因为下属往往会告诉你他是什么地方的人，这样你们还是找到了共同的话题。

2．从下属的穿戴来寻找共同话题

下属的衣着、举止，在很大程度上可以反映出他的身份和地位。这些都可以作为管理者判断并选择话题的依据。如果看到一个西装革履的人坐在较大的办公室，管理者就可以判断其为主要负责人，即使猜错了，也可以借这个错误的判断来恭维他。只要接上了话，就可以很轻松地控制整个局面。

3．从共同遭遇谈起

“同是天涯沦落人，相逢何必曾相识”，一般来说，遭遇相同或者近似的人容易形成共同话题。管理者可以通过共同的遭遇和下属寻求心灵上的共鸣。如知识青年上山下乡。对于这类遭遇，管理者可以和别人侃侃而谈，尽量制造良好的交谈氛围。

4．从共同物件谈起

如果管理者和下属有共同的物件，往往可以从共同物件谈起。比如下属有一个皮包和管理者的皮包是相同的式样和型号，管理者就可以从谈皮包出发，来引诱别人和自己交谈。

交谈中忌讳的四件事

管理者在和下属交谈的过程中，有些态度和表现是相当忌讳的。这些态度和表现很可能使管理者丧失交谈中的主动权，导致交谈的失败。这些忌讳主要是：

1．不要好斗

在和下属的交谈过程中，管理者应该尽量表现随和，通过热情和真诚来感化人，但是千万不要试图通过争辩来说服下属。争辩只能导致矛盾和不满，即使下属口头上认同管理者的说法，管理者也别相信别人已经心服口服。在和下属交谈的过程中，谁对谁错本身就是无所谓的事情，关键是要和下属形成一种有利于管理的关系。如果能和下属形成这种关系，下属永远是对的又有何妨?

2．不要以自我为中心

在和下属的交谈中，不要以自我为中心，否则很容易给下属造成他们无法控制局面的印象。在交谈的过程中，应该尽量让下属感觉到自己把握主动，所有的环境因素都在自己的掌握之中，在这样的环境下，下属才有可能自觉自愿地和管理者形成一种良好的关系。

3．不要言过其实

对下属的赞扬应该有度，对自己的介绍也应该有度。过分的渲染或者热情都会让人产生虚伪的感觉，而虚伪的感觉一产生，管理者所致力建立的诚信体系自然土崩瓦解。言过其实的说法是不足信的，这是每个人都知道的常识。

4．不要挖苦下属

下属不管说了什么做了什么，管理者都不应该挖苦下属。即使下属在众目睽睽之下有任何不雅的动作或者不雅的言谈，管理者都不应该挖苦他们，要注意时刻体谅下属，原谅下属的过失。挖苦下属对管理者来说没有任何好处，相反如果体谅下属往往能够得到下属的认同。

掌握会见的六种技巧

管理者经常有会见活动。管理者只有既讲究实际，又讲究艺术，才能够取得最佳的效果。如果管理者要会见其他企业的管理者或者上级，以下是一些会见的技巧：

1．问候时最好点名道姓

迈进会客室的门，你的第一句话可能是："你好，见到你很高兴。"但这个时候倒不如说："陈总，您好！见到您很高兴。"

2．若对方没请你坐下，你最好站着

坐下后不应掏烟，如对方请你抽烟，你应说："谢谢。"请记住，切莫把烟灰和火柴头弄到地板上，要把它们放到烟灰缸中。

3．学会清楚的表达

善于表达使人终生受益。讲话不会概括的人，常常引起人们的反感，因为这种人叙事没有重点，思维头绪混乱。管理者要注意自己说话的逻辑，这样能够显示一个人的能力。

4．保持相应的热情

在谈话时，如果管理者没有倾注足够的热情，那么对方会马上失去谈话的兴趣。

5．要诚实、坦率，又有节制

若在一件小事上做假，很可能使你的整个努力付诸东流。谁都不是十全十美的，因此管理者可以坦率地谈起或承认自己的缺点或过失。在评论第三者时不应失去气度，无节制地使用尖刻语言只会让人疑心："总有一天，他会在背后这样说我的！"

6．当愤怒难以抑制时应提早结束会见

愤怒会使你失去理解别人和控制自己的客观尺度。它不仅无助于问题的解决，反而会把事情搞得更糟。因此管理者如果实在不能控制住自己的情绪就应该及早地结束会见，不要让自己的情绪左右了自己的行为，最后把关系弄僵。

很好地把握说话的奥妙

一位有教养的管理者，不仅要对管理知识有很深的把握，而且应该很好地把握说话的奥妙。大量事实证明，管理者说话的魅力并不在于说得多么流畅和滔滔不绝，而在于是否善于表达真诚！

最能和下属交往的管理者肯定不会是一个口若悬河的管理者，而是善于表达真诚的管理者。当管理者用十分得体的话来向下属表达真诚时，他自然能赢得下属的信任，进而建立起信赖关系。下属信赖该管理者，自然会愿意和管理者交往，并将这种和谐的关系保持下去。

对于管理者来说，如果缺少真诚，滔滔不绝、一泻千里、说话就像做空洞的演讲一样，自然会让对方对其无法产生认同感。管理者说话成功的关键就在于在谈话中注入真诚，并将自己的心意传递给对方。只有当下属感受到管理者的诚意时，他才会打开心扉，接受管理者的说话内容，实现和管理者的沟通，进而和管理者形成良好的关系。

在与下属沟通的过程中，还可以通过自曝弱点来表示自己的真诚。有些管理者在面对下属时，往往会说自己在人际交往中很笨拙，因此在交往的过程中有什么得罪的地方或者言语有什么不妥的地方，还希望下属能够提出批评意见。这是真诚的表现，通过表现自己的真诚，管理者可以让下属迅速认同自己，进而愿意和自己保持一种良好的关系。这种方法被很多管理者所采用，有些管理者虽然已经是交往高手，但是为了表示真诚，还是向下属表明自己相当笨拙。当下属在交谈的过程中漏洞百出时，管理者往往表示理解，并给予一定程度的认同。这些都是为了向别人表达自己的真诚。真诚的管理者容易赢得下属的尊重，而不真诚的管理者却让下属厌烦。

和下属交往不妨从名字谈起

在和下属交往的过程中，往往需要从对方的名字谈起。

名字不仅是一个人的代号，而且是一个人的象征。据研究表明，一个人的名字和他的性格以及他所成就的事业有相当的联系。

从下属的名字谈起，往往能够拉近和对方的距离。尤其是当下属的名字代表了时代特征或者某种理想时，管理者就可以从名字谈起来博得下属的好感。比如叫跃进的人，管理者可以猜测其出生在1958年，进而对这个名字表示适当的赞扬；叫行健的人，管理者可以说：“天行健，君子以自强不息。”这类的话都能和下属拉近关系，博得下属的好感。但是如果下属的名字确实很平实，看不出明显的时代特征或者理想寄托，管理者就不要自作聪明妄加猜测。直接问下属“你为什么叫这个名字”是相当没有教养的表现。

对下属的名字，管理者不但要记录在案，而且要熟记于心。曾经听过一个十分感人的故事。一个扫街女工在周总理工作的楼下扫地，总理过来询问了她的名字，过了一年，当总理再次遇到这个女工的时候，一下子就叫出了她的名字，于是女工十分感动。记住下属的名字就像为下属守住一份珍贵的财产一样，总有一天会打动他们的。

管理者在和下属交谈的时候，要根据下属的兴趣爱好来说话。因为下属的职业、个性、阅历及文化素养等方面的不同，会导致他们的兴趣和爱好也会有所不同，而且每一个下属的爱好会随时间和地点的改变而有所改变。管理者如果知道下属对某个方面特别感兴趣，不妨从下属感兴趣的话题谈起，这样往往能够较容易地打开对方的“心扉”。一般来说，可以从以下几个方面来说话，这样往往能够取得较好的效果。

1．根据下属的性格特点来说话

一般来说，性格内向的下属不仅自己说话比较讲究方式方法，而且特别希望别人说话也讲究分寸和礼貌。因此与这类交际对象交谈的时候，要注意说话方式，要尽可能地对这样的人表示尊重和谦虚。然而如果下属是比较直率爽朗的人，就没有必要过分地计较说话的方式，最好的办法就是开门见山。总之，对不同的下属应该采用不同的说话方式，一般来说，说话方式和下属接近就容易接近下属。

2. 根据下属的不同身份来说话

对方如果来自农村，就不要谈论工资福利；如果来自城市，就不要谈收成。对具有不同身份的下属，管理者应该采用不同的方法来进行说服工作。用同一种方法来和不同身份的人交谈就很难避免尴尬和陌生的感觉。同时，面对不同身份的下属，应该选择不同的话题，即要选择与之身份、职业相近的话题。否则很难和下属有共同语言，没有共同语言就很难实现良好的沟通。

3. 可以根据下属心理说话

这种说话方式要求比较高，它需要管理者能够经过短暂的接触看透下属的心理。这种方式的目的就是要把话说到下属的心坎上。

第12章

执行团队，让执行力贯彻始终

你的首要责任是将自己的所有潜能都发挥出来，因为这都是为了你自己。

执行为什么会这么难

执行无疑是一个世界性难题，其之所以难，首先在于它长期被忽视，而它之所以长期被忽视，原因又在于“执行”这一行为本身并没有找到自己的逻辑起点。我们在总结大多数“执行”错误时，简单地把错误归于执行一方，而没有真正找到执行难以到位的“元凶”。

1．只说不练

许多企业常常是目标、策略一大箩筐，议而不决，光说不练，流于“口号管理”，目标、策略都没有落实到具体的计划上，没有执行的时间表，更没有根据达到的程度订立赏罚标准。这些企业的管理常常粗而不精，只是按照一些基本的规章制度大而化之地进行。

这样的企业，必然患上一种“组织末梢神经麻痹症”，越到执行最关键的基层下属越是对工作拖拖拉拉，习惯了不痛不痒、马马虎虎，习惯了得过且过、敷衍了事；一旦认真起来，却又呆头呆脑不知灵活变通。

一位企业家朋友曾说：“你要想某件事情执行不下去，就开会讨论研究一下。”这种观点虽然偏激，却反映了执行中的一个大问题。会议越多，说得越多，对事情越无帮助，议而不决，决而不解，办事的效率就会大打折扣。因此，很多事情一旦决策就要迅速落到实施上，讨论得越多越难执行。

2．流程繁琐

IBM的战略和具体经营策略天下一流，但在20世纪90年代初期，它却陷入四面楚歌、风雨飘摇之中。原因系统而复杂，但我们可以通过其信用企业以管窥豹。

IBM信用企业是如何为顾客提供融资服务的？首先，现场销售人员获得一名有购买意向的客户，然后电告总部办公室人员，办公室人员将要求记录在一张表格上；第二步，这张表格被送到楼上的信用部，信用部专人将其输入电脑，并审核客户信用度，把审核结果填人表格，然后将表格交给下一环节——经营部；第三步，经营部接到此表格后，又有专人负责根据客户的申请，对标准的贷款合同做必要的修改填写；第四步，此融资申请单被送到核价员处，他将有关数据输入电脑，计算出对该客户贷款的适当利率，然后连同其他材料一起，转到下一步——办事组；第五步，办事组中一位行政人员将所有这些标准装入一个特定的信封内，并委托快递企业送到销售人员手中。

这一流程长则两星期，平均花费7天（后来的“综合办事员”仅4个小时就能完成）。在等待的7天中，销售代表和顾客谁也不知道他的申请公文旅行到了哪个“码头”，电话询问也不得而知。于是没有耐心等待的顾客，最后都离IBM而去。

显然，这时IBM信用企业的流程过于繁琐，执行环节过多。曾经有一家权威企业做过一项调查：许多企业只有15%的时间真正在为顾客提供服务，其余85%的时间所做工作对顾客而言根本没有意义。换言之，企业为了维护组织自身平衡稳定，将大量的时间和精力花在企业内部流程上了，此时企业组织变成了“为了存在而存在”，而不是“为了顾客而存在”。然而顾客却必须为15%的价值，向企业支付100%的货币。显然，这样的组织是执行力低下的，更是缺乏竞争力的。

处理好策略与执行的关系

一位从事商业的老总经常有这样一种困惑：尽管企业的销售量一直在增长，但他却始终感觉有点不对劲，他觉得企业的一些政策和自己的一些想法在实际过程中并没有得到很好的贯彻执行。销售人员只顾着开发客户、接订单、发货等事务性的工作，而对于企业的市场基础建设和维护工作却没有起色，渠道缺乏精耕细作，产品在推广过程中也缺乏管理，整个企业的绩效好像只有依靠媒体广告在支撑着。这其中必然隐藏着巨大的潜在危机，可是原因在哪里呢？又该如何解决呢？他一直找不到头绪，一直陷于一种苦恼的情绪之中。

在我们的交流过程中，我发现他有一种认识值得关注：他认为导致企业执行力很弱的原因，很大程度上在于下属不能正确执行企业政策，一方面是因为下属缺乏正确的意识；另一方面则是下属缺乏足够的专业技能。其实，他的这种认识，完全陷入了一种误区。他过于将注意的焦点集中在了下属身上，总认为是下属做得不到位，不能理解自己的意图。因此，他总是希望让销售人员接受大量的培训，通过培训来改变认识，提高专业技能，从而强化执行力。这是一种“治标不治本”的手段，并不能有效解决企业执行力薄弱的问题。

企业管理者往往忽略了分析自己，忽略了从自己身上来发现根源。事实上，企业执行力薄弱的根源恰恰是企业管理者。有不少企业的管理者都存在一种认识上的误区，他们无意识地将目标与策略、步骤、方法、措施等同了起来，认为自己制订了企业的发展目标，就等于做好了实施策略、步骤、方法和措施保障，正是这种错误的认识造成了企业执行力的薄弱。目标只是企业的发展方向，是一种主观的愿望，而如何采取一些恰当的方式来达成这些目标，才是保障执行的策略、方法和措施。仅仅依靠目标是无法推动销售人员有效执行的，因为每个人对如何达成策略目标的理解是不同的，在采取执行的手段上还会因人而异，这种情况都使得目标在执行过程中存在非常大的不确定性，从而造成企业目标在执行过程中的巨大偏差。

所以，执行力的关键在于保证企业行为的一致性，而这种一致性并不仅是来自于目标，而更是来自于正确的策略、方法和措施，这是作为企业管理者面临的又一个问题。很多企业的整体策略、方法和措施都在管理者一个人的大脑中，平常都是通过管理者与下属之间的沟通来推动执行的，这样就存在一种状况，经常沟通的下属容易理解管理者的意图，而不常沟通的下属则只能依靠自己的理解来行事，其后果自然会造成很大的偏差。问题在于，依靠口头沟通的方式无法将策略、方法和措施正确转化为一致的行动，企业必须要通过规范化的形式来完善执行体系，保证企业每一个下属都能够按照正确的策略、方法和措施来展开行动，不能按各自的理解来做事。

企业经营要想成功，正确的目标与有效的执行力缺一不可。许多企业虽有好的战略，却因缺少执行力，最终导致失败。市场竞争日益激烈，在大多数情况下，企业与竞争对手的差别就在于双方的执行能力。如果对手在执行方面比你做得更好，那么它就会在各方面领先。因此作为企业管理者亟待重新审视角色定位，改变过去是“策略上的巨人，执行上的小人”的角色定位。按照这一观点，企业管理者应该在下列诸方面增强自身和企业的执行力。

1．企业管理者必须具备相当的执行力

“执行力”是否到位既反映了企业的整体素质，也反映出企业管理者的角色定位。管理者的角色不仅仅是制定战略和下达命令，更重要的是必须具备执行力。如果企业管理者认为做管理工作不需要自己去执行与推动，那么其角色定位就有问题。培养执行力是管理者角色定位的观念变革。企业管理者的亲力亲为能够弥补战略的不足，也便于在执行中发现规划中存在的问题而及时做出调整。从这个意义上，可以说执行力是战略实施乃至企业成败的关键。为了更好地实现经营目标，我们就必须反思企业管理者的角色定位——不仅要制定战略，还应该具备相当的执行力。

2. 管理者需要一手抓战略，一手抓执行力

再好的战略也只有成功执行后才能够显示出其价值。因此，作为企业管理者必须既要重视战略，又要重视执行，做到一手抓战略，一手抓执行，两手都要硬！战略和执行力对于企业的成功来说，缺一不可，二者是辩证统一的关系，战略是企业未来发展的指南，而执行力则是企业发展的保证。

3. 管理者是战略执行最重要的主体

许多企业管理者认为自己的角色定位主要在于描绘企业远景，负责制定战略，而具体执行则属于细节事务，不值得自己费神，那是下属的事情，作为管理者只需要授权就行。这个观念是绝对错误的。相反地，执行应该是企业管理者最重要的工作。实际上，真正优秀的企业管理者必须脚踏实地，深知自己所处的大环境、认清真正问题所在，然后不畏冲突勇敢地面对。“知易行难”应该是大家都明白的道理。企业管理者制定战略后也需要亲自参与执行，只有在执行中才能准确及时地发现战略目标是否可以实现，管理者才可以及时根据执行的情况进行调整，这样才能够保证战略目标的有效达成。

4. 管理者必须重视培养团队的执行力

企业管理者是战略执行最重要的主体，并非说管理者大凡小事务必须亲自去做。管理者角色定位变革很重要一点就是在重视自身执行力的同时，管理者还必须重视培养团队的执行力。执行力的提升应该是整个企业范围内的事情，而如何培养部属的执行力，是企业总体执行力提升的关键。

提高下属正确做事的能力

怎样提高下属正确做事的能力呢？也就是说，怎样使下属能够很好地理解企业的战略意图并且以正确的方法来执行呢？

首先，要清除一个误区，那就是认为企业战略只需要企业高层核心人物了解就可以，下属没有必要清楚地知道。不少企业的管理者都有这样的错误看法。其实，企业战略的实施需要全体员工的共同努力，所以企业战略不仅要让每个员工清楚地了解，而且还应该通过培训等形式不断加强下属的认可度，只有这样，才能保证企业战略的有效实施，才能保证全体员工都能够朝着企业目标共同努力。

其次，就是积极地对下属进行及时的培训。IBM企业拥有全世界最强大的销售团队和最完美的售后服务。为什么？就是因为IBM对每一位员工都要进行详尽细致的培训指导。在IBM，每一位表现优异的员工都要带一名刚刚加入IBM的员工或者表现不佳的员工，来对他们进行随时随地的培训指导。正是有了这样的机制，才使得IBM员工队伍的执行能力非常强，保证了所有员工都能够不断地朝着企业的总体战略方向前进，不断地为企业创造巨大的财富。

第三，对下属的工作绩效进行及时的监督检查。IBM前总裁郭士纳的一句话“下属不会做你希望的事，下属只会做你监督和检查的事”，道出了管理的精髓。我们大家可以去想一下，如果高考取消了，还有那么多人愿意去学习吗？考试就是检查，同样的，我们也必须在企业里面建立一个类似的检查系统。监督和检查是一个企业真正把执行落到实处的关键的一环。许多企业的战略目标最后沦为口号，就是因为没有一套有效的、为实施企业战略服务的监督检查机制。

提高管理者的执行素质

对一个企业管理者而言，执行力主要体现为一种总揽全局、深谋远虑的业务洞察力，一种“设定目标，然后坚定不移地完成”的态度和行为，一种雷厉风行、快速行动的管理风格，一种勇挑重担、敢于承担风险的工作作风等。因此，管理者的执行力是多种素质的结合和表现，而绝不是某项单一素质的凸现。

一个管理者要表现出有效的执行力，至少要具备3方面素质：思维能力、团队精神和坚韧性。

1．思维能力

思维能力包括演绎思维和归纳思维两方面。演绎思维是指在理解问题时将其分拆成更小的部分，通过一步一步的符合逻辑的演绎，排除不相关的资料，找出事物发生的前因后果；归纳思维就是运用已有的概念和理论做归纳性的分析和总结。

执行力要求快速行动、简洁明快。因为我们生活在一个日新月异、高速发展的时代，速度已经成为决定企业成功与否的主导因素，速度就是一切，快慢决定成败。

但是，快与慢是辩证的，是相互转化的。我在与一位通信技术专家朋友交流时他说：刚工作时，点子多，出方案很快；但慢慢地胆子越来越小，搞一个方案，思前想后，迟迟不敢出手；对一个领域大彻大悟了，出手又快了。在无线通讯业竞争激烈的今天，国内某家通讯运营商推出方案很快，一天就可以推出几种套餐；但有些套餐的市场效果很不好。据说，某种套餐推出半年了，只有一个用户。我认为，这样的迅捷绝不是我们希望的执行力。快速执行并不是要求我们为了提高速度，而不计后果的仓促出台抢时间，也不是为了抢速度而降低产品或服务的质量标准。

2. 团队精神

团队精神不仅仅是对下属的要求，更应该是对管理者的要求。团队合作对管理者的最终成功起着举足轻重的作用。

某企业有两位刚从技术工作岗位提升到技术管理岗位的年轻经理：A经理和B经理。

A经理觉得技术进步日新月异，自己所在的部门中又有许多技术问题没有解决，很有紧迫感，每天刻苦学习相关知识，钻研技术文件，加班加点解决技术问题。他认为，问题的关键在于他是否能向下属证明自己在技术方面是如何的出色。

B经理也认识到了技术创新的重要性和自己部门的不足，因此他花很多的时间向下属介绍自己的经验和知识，当他们遇到技术问题时，他也帮忙一起解决，并积极地与相关部门联系和协调。

3个月后，A经理和B经理所在的部门都非常好地解决了技术问题，而且A经理的部门似乎更突出。但半年后，A经理却发现自己的部门问题越来越多，自己也越来越忙，但下属似乎并不满意，觉得很委屈。B经理却得到了下属的拥戴，部门士气高昂，以前的技术问题都解决了，还搞了一些新的技术创新项目。

对管理者而言，真正意义上的成功必然是团队的成功。因此，管理者的执行力绝不是个人的勇猛直前、孤军深入，而是带领下属共同前进。

3. 坚韧性

坚韧性是指管理者对挫折和压力的忍受力，以及管理者的自我控制能力和意志力等。作为管理者应该能够在艰苦不利的情况下，克服外部和自身的困难完成任务和达成目标，在非常困难的环境下坚持工作，在巨大的压力下坚持自己的观点。

坚韧性首先表现为一种坚强的意志，一种对目标的坚持。“不以物喜，不以己悲”，认准的事，无论遇到多大的困难，仍千方百计的去完成。克劳塞维茨《战争论》中有一句很著名的话：要在茫茫的黑暗中，发出生命的微光，带领着队伍走向胜利。战争打到一塌糊涂的时候，将领的作用是什么？就是要在看不清的茫茫黑暗中，用自己发出微光，带着你的队伍前进。谁能够挺住了最后一口气，胜利就可能属于谁。

其次是在工作中能够保持良好的体能和稳定的情绪状态，能够经得起高强度的体能消耗，在与同事、领导和客户的冲突时，能够克服烦躁的情绪，保持冷静。

最后，当自己处于巨大的压力下或产生可能会影响工作的消极情绪时，能够运用某些方式消除压力和消极情绪，避免自己的情绪影响他人。当遇到这种情况时，不妨品味一下这两幅字画题诗：一是“人静鱼自跃，风定荷更香”。二是“天若无雪霜，青松不如草；地若无山川，何人重平道”。想像那山上的青松和湖中的荷花，此意境，真可使心灵升华。

管理者与企业的执行能力要区分

管理者的执行能力与企业的执行能力是两个完全不同的概念。管理者的执行能力是个人能力，而企业执行能力是组织能力或制度性的能力。

管理者的执行能力是人治，而制度性执行能力是“法制”。人治的企业家能力通常是用“能人”，背后的哲学思想是“疑人不用，用人不疑”。而制度性执行能力背后的哲学思想是：人是一定要犯错的，所以用人就一定要疑，要建立一套制度来规范和约束人们的行为。

美国著名管理学家、《基业长青》一书的作者吉姆·柯林斯从400多位声名显赫的美国企业巨头中评选出了美国有史以来最伟大的10位CEO。令人意外的是，许多赫赫有名的人物并未入选，如世界首富微软总裁比尔·盖茨、通用电气企业前CEO杰克·韦尔奇等。

相反，上榜的10位企业家有人当初根本就没想到自己是当CEO的料，例如波音企业总裁比尔·艾伦。柯林斯指出，这10大CEO的伟大之处在于：他们建立了在自己卸任之后，企业依然能够长久兴旺发达的企业机制；他们专心致志地构建一种大而持久的制度，并不刻意成为伟大的领袖；他们奠定了企业长盛不衰的基础，使企业能够持续发展。

所以，真正优秀的管理者，是用组织、制度或文化来实现执行，通过一套组织、程序来约束越轨行为，或者用文化内在地改变组织的行为观念。这样一来，在大多数情况下，执行就是一种紧盯目标下的简单重复过程。

这种锁定目标简单重复的过程，甚至可以上升到职业化的程度。所谓的职业化就是在商业行为中始终坚守基本的商业规则与商业道德，以企业利益和目标而不是个人的好恶作为自己行动的准绳。所以，职业化中的执行力讲的是“认真第一，聪明第二”。

没有规矩不成方圆

军有军法，山有山规。企业制定出来的各种规章制度不能成为摆设。作为领导，就应当以有效的手段保证其得以贯彻落实，一旦发现有人违规，必须加以惩治，绝不能手软。

为了促成遵守纪律自觉性的好风气，领导应该采取以下几个明确的措施：

1. 广泛宣传

许多管理者都想当然地认为，“这些规定谁都知道”。但是，新来的下属，甚至有些老下属，直到他们违反了某条规定时才听说有这么个规定。

国外有些企业的管理者按惯例给每个下属发一份企业规章，并让他们签署一份声明，表示已经收到、阅读并理解了企业的规章。这种做法很值得效仿。

2. 保持镇定

无论违规行为有多么严重，领导都应该保持镇定，不能失控。如果你觉得自己正在失去冷静，那你就应该等一等，直到自己冷静下来时再去采取行动。

怎样才能镇定下来呢？闭上嘴巴，待会儿再开口，做些拖延时间的事情。切记千万千万不要对下属大发雷霆。

3. 调查了解

领导不应无视违反企业规定的行为。如果你这样做，那你就是在向其他下属表明你不打算执行企业的规章与条例。你也不应该走向另一个极端，草率地惩罚或处分下属。在你行动之前，在你做出处理决定之前，你必须搞清楚发生了什么问题，以及下属为什么这样做。

4. 私下处分

如果公开进行惩治，那么受处分的下属会因当众受批评而产生怨恨。

关于私下处理的规则仅有一个例外，那就是下属在其他人面前公开与你作对。在这种情况下，你必须当众迅速而果断地采取行动，否则就有失去控制的风险。如果你不能果断地行动，你会失去其下属对你的尊重。

5. 一视同仁

制定出的规章是让大家遵守的。领导、下属都要遵守，若有违规行为，都会受到处罚。

6. 坚决公正

坚决不是指粗暴或仗势欺人，不是指滥施压力和保住自己的地位，而是对下属和企业都要公道。对下属要公道是指有充分的根据。它包括解释清楚企业为什么要制定这条规章，为什么要采取这样一个纪律处分，以及你希望这个处分产生什么效果。

7. 消除怨恨

记住，处分的目的在于教育，而不是惩罚。因此，领导应该向自己的下属表示你相信他会改正错误。在执行纪律处分后以积极的调子跟下属谈话，将有助于消除下属的苦恼和怨恨的情绪。

先律己，然后推己及人

一个普通的人要想获得别人的尊重，就必须具有他人所没有的优秀品质，作为一个企业经理更是如此。如果你不具有独特的风格，你很难获得下属的尊敬，而在此特质中，最重要的就是经理本人的自我要求，这一点其实是很自然的。有一句话叫做“律己才能律人”。

要求自己的原则与方法不是一朝可成的。你必须有“三军可以夺帅，匹夫不可夺志”的决心和毅力，在不断地尝试与努力中锻炼自己，促使自己一步一步地走向优秀领导的境界。

那么请问，你对自己的要求远甚于下属吗？偶尔你也会站在客观的立场上为自己的下属设身处地地想一番吗？要知道这种态度和涵养是自己身为领导所必须具备的。一天到晚为自己打算的人，绝非一个优秀的领导，要知道在你做这些努力的过程中，一举一动都逃不过下属的观察。

令人遗憾的是，有些领导总是忽视或没有能力做到这个“自我要求”，遇事总是喜欢归咎于他人。对一些荒谬透顶的事，他们做起来却感到特别安心。

譬如一家企业应该开发新产品了，赶紧召开下属大会，而无能的领导常对自己大脑空空而坦然，却总在抱怨别人：“这些家伙尽是窝囊废，竟然拿不出一个新构想！”其实，新构想不能全靠下属去构思，身为管理者应该先动动脑筋，先制定个框架，或先指明个方向，然后再要求下属全力筹划，这样靠着双方的努力便可把目标顺利达成。如果只是把责任全部推给下属，即使事情成功了，领导也失去了一个在下属心中赢得信任的绝好机会。要知道，如果你的下属在心里对你没有个好感觉，你就别想让他们很好地服从你。企业里有能力的下属可能表面在为你拼搏，暗地里却在想方设法取代你的位置呢。在一家企业里，下属之所以服从你，其理由往往不外乎以下两种：

第一，因为领导地位既高，权力又大，不服从则会遭到制裁。

第二，因为领导对事情的想法、看法、知识和经验均高自己一筹。跟着他做事，不必担心出错。

在这两个条件中任缺一项，下属都可能离你而去，或者与你分庭抗礼，势不两立。

有一句话叫做“善为人者能自为，善治人者能自治”。一家企业的业务能否在激烈竞争的潮流中得到发展，关键之处还在于管理者是否有正确的自律意识。管理者只有身体力行，以身作则，才能建立起人人遵守的工作制度。比如要求企业的职员遵守时间，领导首先要做出榜样；要求下属对自己的行为负责，领导也必须明白自己的职责，并对自己的行为负责。只有以身作则的领导，才能调动下属的自觉性，并影响他们朝着良性的方向发展。属于领导自己做不到的事，就不要要求下属去做；要求下属改掉坏毛病，领导就要首先自己改掉坏习惯。

培养良好的自律性、成为下属的表率，最好能参照以下几点建议去身体力行：

首先乐于接受监督。据说，日本“最佳”电器株式会社社长北田为了培养自己下属的自我约束能力，创立了一套“金鱼缸”式的管理方法。他解释说，下属的眼睛是雪亮的，领导的一举一动，下属们都看在眼里，如果谁以权谋私，下属们知道了就会瞧不起你。“金鱼缸”式管理就是明确提出要提高管理工作的透明度，管理的透明度一大，把每个下属置于众人监督之下，人们自然就会加强自我约束。麦当劳企业曾一度出现严重亏损，企业总裁亲自到各企业、各部门检查工作，发现了各企业部门的领导都习惯于坐在高靠背椅上指手画脚。于是他向麦当劳快餐店发出指示，必须把所有领导坐的椅背锯掉，以此促使领导深入现场发现问题，这一招竟使麦当劳企业经营状况获得了极大的转机。因为领导和下属们同乘着企业这一条船，只有平时同甘共苦，情况紧急时才会同舟共济。

要保持清廉俭朴。作为一位企业领导，应该清楚自己的节俭行为，不管大小，都具有很强的导向作用。管理者的言行举止是下属关注的中心和模仿的样板。台湾塑胶集团董事长王永庆曾说：“勤俭是我们最大的优势，放荡无度是最大的错误。”他是这样说的也是这样做的。在台塑内部，一个装文件的信封他可以连续使用30次，肥皂剩一小块，还要粘在整块肥皂上继续使用。王永庆认为：“虽是一分钱的东西，也要捡起来加以利用。这不是小气，而是一种精神，一种良好的习惯。”由此可见，要想成为一个卓越的管理者是相当不容易的，清廉俭朴这一点，你就应该努力做到。

要戒掉自己的不良嗜好。不少管理者总有抽烟、喝酒的不良嗜好，这些东西给我们身心健康带来的害处就不必说了。单从对管理者个人素质和表率作用所产生的不良影响上说，就应该戒掉烟酒。譬如现在大中城市都在普及戒烟，国家还特别规定了戒烟日，如果自己还整天泡在烟雾中，将怎样对下属下达“戒烟令”呢?

软硬兼用，赏罚得当

一般人的本性，是喜欢奖赏，害怕惩罚。因此，管理者可以运用软硬两手来管理下属，使之按着自己的意图行事。

软硬兼施的方略，是中国古代传统的驭臣之道。早在先秦时期，韩非即明确指出："凡治天下，必因人情。人情有好恶，故赏罚可用。"

此后数千年，大凡有作为的政治家，不论是刘邦、曹操，还是李世民、朱元璋，无不是深谙赏罚二术的好手。

奖赏是正面强化手段，即对某种行为予以肯定，使之得到巩固和保持。而惩罚则属于反面强化，即对某种行为予以否定，使之逐渐减退。这两种方法，都是管理者管理下属不可或缺的。

管理者运用时，必须掌握两者不同的特点，适当运用。一般说来，正面强化立足于正向引导，使人自觉地去行动，优越性更多些，应该多用，而反面强化，由于是通过威胁恐吓方式进行的，容易造成对立情绪，故要慎用，应将其作为一种辅助手段。

强化激励，可以获得管理者所希望的行为。但并非任何一种强化激励，都能收到理想效果。从时间上来说，如果一种行为和对这种行为的激励之间间隔时间过长，就不能收到好的激励作用，因此要力争做到"赏不逾时"。

一种行为刚刚做出以后，人们对其感触较深，这时即予以表扬和奖赏，刺激较大，激励作用较强。因此，及时奖励是一个重要的方法。这就要求做领导的，要积极开动脑筋，多搞些花样，对下属的成绩给予及时多样的奖励。

对违反规章制度的人进行惩罚，必须照章办事。该罚一定罚，该罚多少即罚多少，来不得半点仁慈和宽厚，这是树立管理者权威的必要手段。西方管理学家将这种惩罚原则称之为"热炉法则"，十分形象地道出了它的内涵。

“热炉法则”认为，当下属在工作中违反了规章制度，就像去碰触一个烧红的火炉，一定要让他受到“烫”的处罚。这种处罚的特点在于：

1．即刻性

当你一碰到火炉时，立即就会被烫伤。

2．预先示警性

火炉是烧红摆在那里的，你知道碰触则会被烫。

3．适用于任何人

火炉对人不分贵贱亲疏，一律平等。

4．彻底贯彻性

火炉对人绝对“说到做到”，不是吓唬人的。

管理者必须兼具软硬两手，实施起来还要坚决果断。奖赏人是件好事，惩罚虽然会使人痛苦一时，但绝对必要。如果执行赏罚时优柔寡断，瞻前顾后，就会失去应有的效力。

惩罚做到稳、准、狠

管理者运用批评、惩罚手段应该富有技巧性。“打一巴掌”很重要，但一定要打得响，打得绝。具体说，打这一巴掌要做到“稳、准、狠”。

稳。采用强硬手段，惩罚一个人，也是要冒风险的。这主要在于，被惩罚者有时有良好的人际关系，有时掌握着关键技术信息，有时有着很硬的后台。

拿这样的人开刀，就要对其背景多加考虑，慎重行事。惩罚不当终会带来抵制和报复，因此在动手之前首先应想到后果，也能够拿出应付一切情况发生的可行性办法。

准。批评、惩罚都要直接干脆，直指其弱点，直刺其痛处，争取一针见血。

有时某人总是犯同样的错误，或者代表一类人的错误，这时的惩罚一定要选准时机，待其犯错最典型、最明显、最有危害性时方痛下杀手。这时切忌无事生非，不明事实；也切忌小题大做。这样才会做到让受罚人口服心服，也才会真正让众人引以为戒。

狠。一旦看准时机，便要下定决心。出手要利落、坚决、果断，毫不容情。切忌犹疑不定，反复无常，拖沓累赘。

一些杰出的管理者的经验是：“一旦采取坚决措施，便变得冷酷无情。”“即使当他们不得不解雇某人时，也并不因强烈的内疚而变得犹豫不决。”这样做，也是在向众人显示，我的做法是完全正确、适宜的，我对我的做法毫不后悔，充满信心，这是最好的选择。

加强对下属的约束，要有强化纪律的书面规范，保证下属得到公平的对待，避免因一时冲动而对他们的严厉惩罚。强化纪律有以下四个阶段：

第一次犯错，口头警告。下属必须知道他们错在哪里。你要记下给他们警告的时间、地点和周围环境。

第二次犯错，书面通知，并警告说下次犯错误要受罚，扣工资或者换工作。这封警告信一式三份，一份给犯错误的下属本人，一份给领导，一份存档。

第三次犯错，临时停止工作。根据你们达成的协议和错误的性质及程序，给予长短不同的停工时间，停发一切报酬。

第四次犯错，降职、降级，或者调换工作、开除。

根据各种因素，做出上述惩罚之一。其中调换工作是最常见的，因为这样既可减少解雇给他们造成的打击，又可以使自己减少一个问题户。当然要了解清楚确实是岗位不适合，换一个工作会使他干得更好，否则轻易不要这样做。调换工作部门之后，还要将该人的资料全部移交过去。

用合适的工作信条去管理下属

作为企业领导对于管理原则要有坚定的信念和一套明确的方法，并有着确定的经营方针，否则无法推行其业务。所谓信念就是指要有工作信条。

确定管理人的工作信条一定要注意其可行性，使下属便于了解和接受。譬如有的企业在工作信条中罗列有大量的“尊重他人”、“多花点力气”之类的抽象项目，这就不好。

再如以下信条：

“要做有原则性的工作”。

“要有服务社会的精神”。

“为自己创造既文明又有吸引力的工作环境”。

“保持心胸开阔、精力充沛”。

“培养互助友爱的情操”。

像上面的信条有些太空洞、有的则趋向极端。

信条的制定工作一定要由企业领导亲自来做。若随随便便将古今中外的贤人君子、英雄豪杰的座右铭搬过来，然后对自己的下属说：“这是我定下的信条”，便没有任何的价值。

总之，制定工作信条要通过对实践的总结和归纳，做到具体可行，让信条发挥其巨大的管理功效，成为你的辅佐和臂膀，譬如以下信条：

“认真工作，一丝不苟”。

“坚决服从组织领导”。

“热心工作，热爱企业，不做有损企业的事”。

“与企业共荣辱，团结、勤奋、务实、从自己做起”等等。